少子高齢化

―21世紀日本の課題―

大塚友美 編著

上之園佳子
安　勝熙
石川晃司
落合康浩
櫛　英彦
内藤佳津雄
深田喜八郎 著

AN21研究シリーズ

No. 5

文眞堂

はじめに

　今日の日本の社会や経済は，少子化・高齢化・人口減少といった現象の急速な進展に直面している。これらの人口現象は，経済の発展にともなう人口転換（出生率と死亡率の高水準（多産多死）から低水準（少産少死）への推移）の進展によってもたらされたものである。

　この死亡率の低下は，言い換えるなら，平均寿命が延びたことである。また，出生率の低下を換言するなら，親が自らの意志によって子供数を調整できるようになったことにより，少数の子供に愛情や教育資金等を集中的に注げるようになったことでもある。長寿や親からの十分な愛情等を享受できるようになったことは，各個人にとって好ましいことである。この意味からするなら，これらは経済発展の輝かしい成果である，といえる。

　しかし，その成果が輝かしいほど，その影も色濃くならざるを得ない。平均寿命の延びにより，人口の年齢構成を示す人口ピラミッドの上部は膨らむ。他方，出生率の低下によって，人口ピラミッドの下部は窄む。その結果，人口ピラミッドの形状は，壺型（人口の減少傾向を示す型）の形状を呈する。これが少子高齢化である。少子高齢化にともなう人口の減少は，将来，日本の社会や経済に深刻な影響を及ぼす，と考えられている。

　経済学では，個々人の立場（ミクロの観点）からすれば良いことであっても，社会全体の立場（マクロの観点）からすれば悪い結果を招いてしまうことを合成の誤謬，という。少子高齢化が進展しつつある日本の社会や経済は，まさにそうした状況に直面している，とも見なせるのである。

　我が国が直面しているこうした課題を考察する際に重要なことは，様々な学問領域から学際的な接近（アプローチ）を図ることであろう。なぜなら，社会を構成しているのも，経済活動を行っているのも，一人ひとりの人間であり，その集合体が人口であることから，人口の男女年齢別構成に変化が生

ずれば，その影響は社会や経済等の多方面に及ぶからである．

本書『少子高齢化－21世紀日本の課題－』においては，こうした点を考慮して，様々な学問分野からの分析が行われている．

人は生まれた瞬間から加齢がはじまり，最終的には死に至るMortalな存在（死すべきもの）である．では，人はなぜ老いるのか．第1章（「老化の生物学－ヒトはなぜ老いるのか－」，櫛英彦（医学），深田喜八郎（体育学））では，この問題が扱われている．また，人間の心理状態は，年齢の階梯に応じて変化する．それゆえ，高齢化が進展した社会の状況は，そうでない社会とは異なっているはずである．第2章（「加齢の心理学」，内藤佳津雄（心理学））においては，この問題を考える際の手がかりが提示される．

これらの論考を受けて，第3章（「少子高齢化の経済的帰結－簡易人口経済計量モデルによるシミュレーション分析－」，大塚友美（人口経済学））では，少子化高齢化の進展が日本経済にいかなる影響をもたらすか，を人口経済学の観点から理論的に考察した上で，簡易人口経済計量モデルによるシミュレーション分析を行うことによって実証的に考察している．次いで第4章（「高齢者の社会保障と介護保険制度」，上之園佳子（社会福祉学），安勝熙（介護福祉学））においては，高齢者をめぐる福祉と社会保障の実情と課題，およびそうした制度を支えている人材の確保や待遇などに関する問題が論じられている．

少子高齢化現象は，想定外の問題をも惹起する．人口を収容する"器"は，"国土"や"インフラストラクチャー"等である．少子高齢化にともなって人口が減少すれば，その"器"もまた変容を迫られることになる．第5章（「高齢社会における国土利用と地域振興」，落合康浩（地理学））では，国土計画やコンパクトシティを中心に，この問題が考察されている．

少子高齢化は政治にも影響を及ぼす．少子高齢化が進展するなかで選挙を行えば，投票数に占める高齢市民層の比重が高くなることから，高齢層には有利であるが，青壮年層には不利な政策決定が下される可能性が高まり，世代間対立が生じよう．第6章（「少子高齢社会とデモクラシー」，石川晃司（政治学））では，こうした民主政治体制上の課題が論じられる．

さて，先にも述べたように，人間は死を免れることはできない。にもかかわらず，現代では，誰もが健康を求め，死を恐怖する。これに対し，古来より，高齢者が尊敬の対象であったのは，この死を毅然と受け入れてきたからであろう。最後の第 7 章（死生観（櫛英彦（医学），深田喜八郎（体育学））では，このような観点から，"死生観"に関する議論が行われている。

　以上が，本書の構成である。

　さて，本書が扱っているような，その影響が広範かつ多岐にわたる課題を学際的に考察する上で，社会系・理系・文系の 18 学科 1 研究室から成り，「文と理の融合（文理融合）」を理念としている，総合学部としての日本大学文理学部は格好の研究環境を有している，といえる。そうした学際的研究の成果の刊行を通して，この理念の更なる発展を図ることを目的として，本学部教員有志が立ち上げた自主的研究グループが AN21（ARS NOSTRA 21；アルス・ノストラ 21；21 世紀の我々の学術の意味）であり，本書（『少子高齢化－21 世紀日本の課題－』）は AN21 研究シリーズの第 5 巻にあたる。

　こうした性格を有する本書ではあるが，各学問領域の成果をつぎはぎした観が残っていることは否めず，未だ完成したものとはいえない。この点に関しては，本研究の深化と発展を図ると同時に，読者諸氏からの批判を反映させて増補と改定とを重ねる等して，完成度を高めてゆく所存である。また，AN21 は，その研究の成果を引き続き出版してゆく予定である。読者諸氏からのご批判とご教示を，重ねてお願いするしだいである。

　最後になったが，本書を出版するにあたり，文眞堂の前野隆氏，山崎勝徳氏からひとかたならぬご支援を賜ったことを記して，ここにお礼申し上げる。

＊本書は，日本大学文理学部人文科学研究所平成 25 年度総合研究「21 世紀における日本の針路－少子高齢化への挑戦－」の研究成果の一部である。

平成 26 年 4 月吉日

著者代表

大　塚　友　美

目　次

はじめに ……………………………………………………………………… i

第1章　老化の生物学
　　　　　―ヒトはなぜ老いるのか― ……………………………………… 1

1. 生命の誕生は老化のはじまり ……………………………………… 1
2. 老化とミトコンドリア ……………………………………………… 4
3. 老年症候学 …………………………………………………………… 7
4. 老化による生体調節機構の変化 …………………………………… 9
5. 老化の制御機構 ………………………………………………………13
6. 長寿者の秘密 …………………………………………………………18

第2章　加齢の心理学 ……………………………………………………22

1. 加齢による心理的変化 ………………………………………………22
2. 高齢者に対する社会の見方 …………………………………………27
3. 軽度な認知症の人のプロダクティブ・エイジング ………………35
4. まとめ―認知症高齢者へのプロダクティブ・エイジングの拡張 …42

第3章　少子高齢化の経済的帰結
　　　　　―簡易人口経済計量モデルによるシミュレーション分析― ……46

1. はじめに ………………………………………………………………46
2. 経済発展と少子高齢化（人口転換） ………………………………47
3. 定常状態か経済の縮小か（日本経済の将来像） …………………51
4. 簡易人口経済計量モデルの活用 ……………………………………55
5. シミュレーション分析 ………………………………………………57

  6. まとめ………………………………………………………………64
  【付論：簡易人口経済計量モデル】………………………………65
   1. 簡易人口経済計量モデル………………………………………65
   2. 簡易人口モデル…………………………………………………66
   3. 簡易計量経済モデル……………………………………………68

第4章　高齢者の社会保障と介護保険制度……………………74

  1. 人口高齢化と社会保障……………………………………………74
  2. 介護保険制度………………………………………………………81
  3. 介護人材確保………………………………………………………90
  4. おわりに（今後の展望）…………………………………………99

第5章　高齢社会における国土利用と地域振興………………104

  1. はじめに…………………………………………………………104
  2. わが国における国土計画の進展………………………………105
  3. 日本における地方都市の構造と問題点………………………111
  4. 地方中小都市とコンパクトシティ……………………………114
  5. 交通政策とコンパクトシティ…………………………………118
  6. 日本におけるコンパクトシティ実現に向けて………………128

第6章　少子高齢社会とデモクラシー…………………………131

  1. デモクラシーの変容……………………………………………131
  2. 日本における高齢社会の進展…………………………………134
  3. 少子化・高齢社会と政治過程…………………………………142
  4. 少子高齢社会におけるデモクラシーの展望…………………151

第7章　死生観……………………………………………………154

  1. 細胞死と生物死…………………………………………………154
  2. 感情の芽生え……………………………………………………158

3. ヒトの死とその瞬間 …………………………………………161
4. 尊厳死 …………………………………………………………167
5. 死生観の歴史的変遷 …………………………………………169
6. 死に対処するための宗教 ……………………………………172

索引 ………………………………………………………………175

第1章

老化の生物学
―ヒトはなぜ老いるのか―

1. 生命の誕生は老化のはじまり

　地球誕生（46億年前）から約8億年後，今から38億年前，初めて単細胞生物が誕生した。この過程は，原始地球の環境から有機物が生まれ，化学進化を遂げ生命誕生に至る長い8億年であった（図表1-1）。

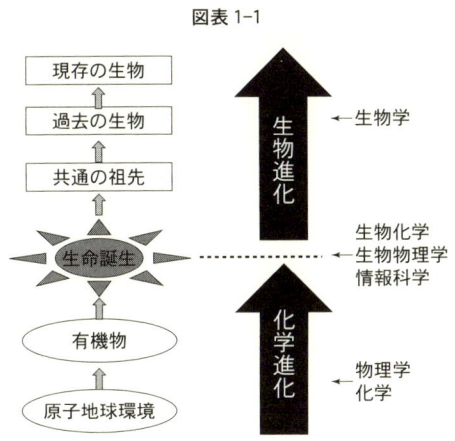

図表1-1

出典：筆者作成。

　最初に誕生したのは，核の構造を持たない原核生物（大腸菌や乳酸菌など）であり，遺伝物質であるDNAは環状になっており細胞内にむき出しの状態で存在していた。この原核細胞が最初の生命と考えられている。その後，生物の進化は続き20億年以上の歳月をかけ（今から15億年以上前）核

膜を保持し，大量の遺伝情報と細胞小器官（核，小胞体，ゴルジ体，ミトコンドリア，リソソーム，葉緑体，液胞，細胞壁など）をもった真核生物が誕生した（図表 1-2）．現在の動物，植物や菌類などの多細胞生物は真核生物の子孫ということになる．しかし，この進化の過程には重要な秘密が隠されていた．

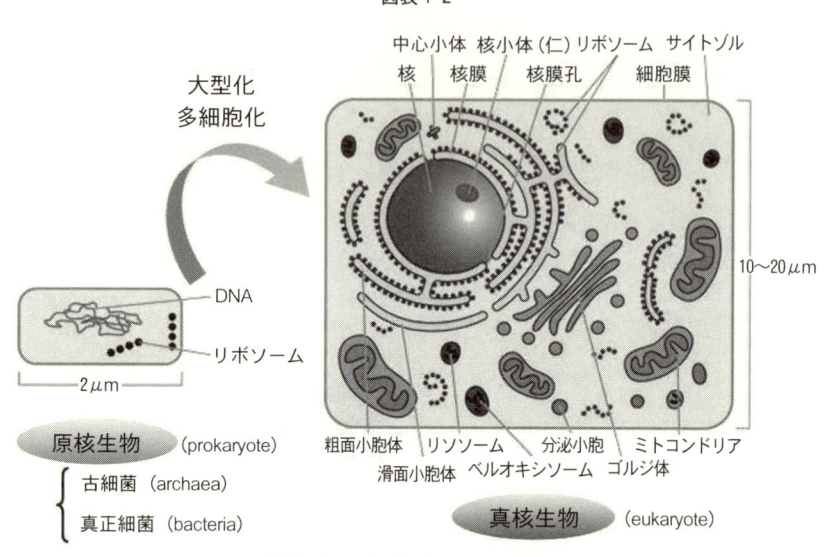

真核細胞では核膜や細胞小器官を有する

出典：実験医学 online（羊土社 Web サイト），真該生物の誕生 2．
https://www.yodosha.co.jp/jikkenigaku/mb_lecture_ex/vol5n1.html?ad=ymn
参照日：平成 26 年 2 月 18 日．

約 15 億年前，当時の真核生物はエネルギー産生効率が悪かった．当時から現代に至るまで ATP はエネルギー源となる物質であり，酸素の利用により，エネルギー源である ATP を効率よく作ることができる．しかし，もともとの地球の大気には，生物にとって毒性の強い酸素は全く含まれていなかった．このため，当時の真核生物はエネルギー産生効率が悪かった．ところが，光合成をするラン藻類が現れて（約 27 億年前）大量の酸素が放出されるようになり，酸素濃度が上昇してきた．地球上の酸素濃度が上昇してくる

と，酸素を利用して効率よくエネルギーを産生する好気性細菌（酸素を好み，酸素と糖からエネルギーを作る細菌）が登場した。この好気性細菌が原始的な真核細胞（嫌気性菌：酸素を嫌う細菌）に共生し，ミトコンドリアとなった（図表1-3）。好気性細菌を獲得した真核細胞は効率よくエネルギーを獲得することができ，行動範囲が広がり，生存に有利になり他の細胞を圧倒した。このミトコンドリアこそがエネルギーを産生し生命進化の要となる器官となったのである。

図表1-3　細胞共生過程

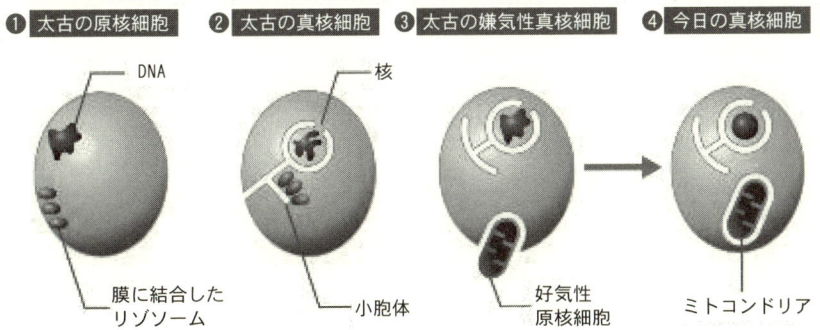

出典：生命科学教育用画像集Webサイト（東京大学生命科学構造センター）。http://csls-db.c.u-tokyo.ac.jp/index.html　参照日：平成26年2月18日。

　ミトコンドリアは発生学的には異物であるが，生物に見事に共生しているのである。したがって，ミトコンドリア自体も独自のミトコンドリアDNAをもっている。このことは現在でも，ヒトが重篤な外傷にさらされ，細胞内ミトコンドリアの破壊によりミトコンドリアDNAが大量に放出されると，全身性炎症反応症候群（systemic inflammatory response syndrome; SIRS）が惹起され[1]，発熱，白血球増加または減少，心拍数増大，呼吸数増加などの重篤な症状を引き起こす原因となっている。生理的には生体のエネルギー産生を行う細胞内器官であるが，元来，ミトコンドリアは異物であったことの痕跡を残している。

　実はこのミトコンドリアが老化と密接に関係しているのである。

2. 老化とミトコンドリア

　世界の平均寿命は，18世紀産業革命ごろ20歳代，1900年頃は31歳であった。今日では，衛生状態や栄養状態の改善により飛躍的に寿命が延びている。しかし，アフリカ諸国ではエイズが蔓延し，いまだに，平均寿命は延びていない。

　厚生労働省による，主な国の平均寿命の年次推移（2012年）では，女性は1位日本（86.41歳），2位スペイン（84.97歳），3位フランス（84.8歳），4位スイス（84.7歳），5位韓国，シンガポール（ともに84.5歳）。男性は，1位アイスランド（80.8歳），2位スイス（80.3歳），3位イスラエル（80.0歳），4位シンガポール（79.9歳），5位日本（79.94歳）となった（図表1-4）。このように日本人の平均寿命は，女性は世界1位，男性は5位になっている。仮に，すべての生活習慣病やがんを克服できれば120歳まで生存可能ではないかと考えられているが，人は何らかの原因で寿命を迎えることになる。寿命とは「生命の続く期間」を指しており，最大寿命は動物によってほぼ決まっている。ラットでは3年，ゾウは80年，ウミガメは170年程度である。これらは，有性生殖（オスは精子，メスは卵子を作り，原則的に性がある増殖）で子孫を残す動物であり，無性生殖（細菌や原生生物などの単細胞生物が2分裂によって1固体から2固体になる増殖）で増える生物は，栄養さえあれば，無限に増殖でき，基本的に死は存在しない。

　有性生殖を行う生物では寿命が存在し，外傷や病気ではなく死を迎えるのは老化が原因となる。

　ではここで，老化（aging）とはどのような概念か，整理してみる。1964年Comfortら[2]から1998年Arking[3]に至るまで多くの研究者の共通する考えは，「老化は性成熟に達した時期以降，死亡確率を増大させる進行性の生体機能の衰え」と定義することができる。簡単に言えば，「年をとるにつれて生理機能が衰えること」（広辞苑）と言える。

　老化に対していくつかの仮説が提唱されているが，現在もっとも支持され

2. 老化とミトコンドリア　5

図表 1-4　主な国の平均寿命の年次推移

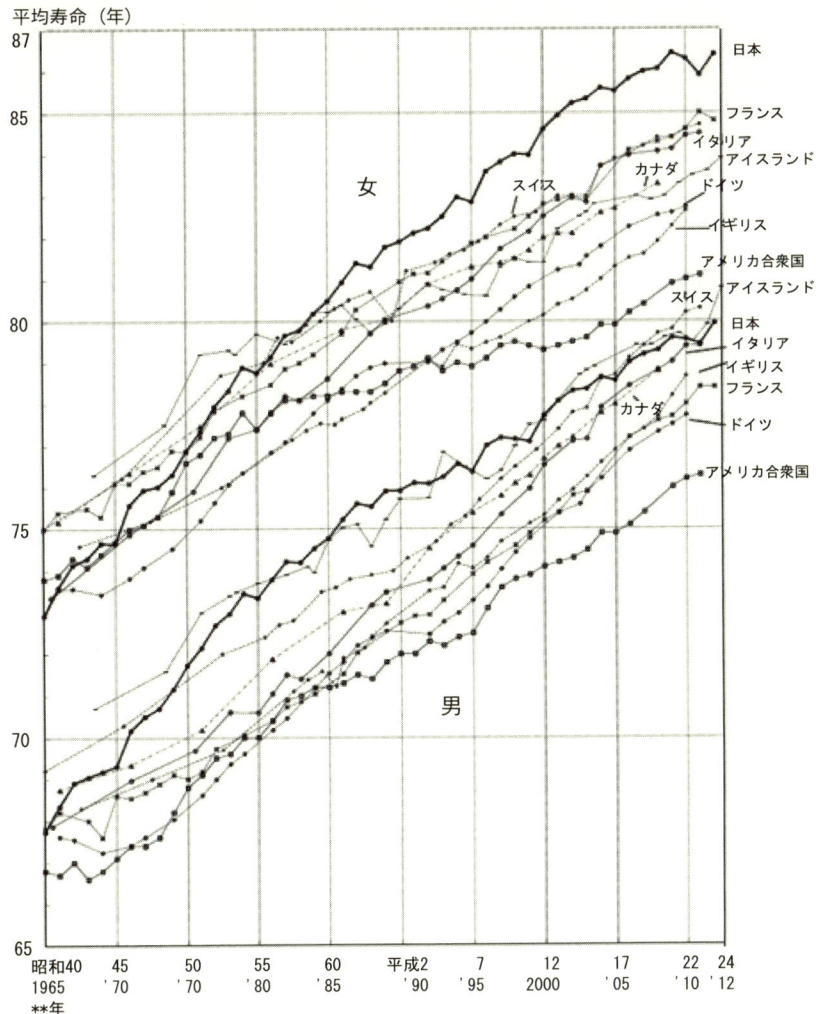

資料：UN「Demographic Yearbook」等
注：1990年以前のドイツは，旧西ドイツの数値である。

出典：厚生労働省 Web サイト，平成 23 年簡易生命表の概況．http://www.mhlw.go.jp/
toukei/saikin/hw/life/life11/dl/life11-04.pdf　参照日：平成 26 年 2 月 18 日．

ている「ミトコンドリア異常仮説」[4)]を紹介する。

　生命の進化の過程でミトコンドリアが共生したことは前述に記載した。ミトコンドリアはエネルギー産生過程で活性酸素（生体にとって有害となる廃棄物）と呼ばれる物質を作り出す。この活性酸素は，遺伝情報となるDNAやたんぱく質を攻撃し，少しずつ傷をつけていく。このように活性酸素が生体を傷害する状態を酸化ストレスという。酸化ストレスがタンパク質・DNA・膜脂質の酸化障害の悪循環を形成し，加齢とともにエネルギー産生能を損なうことが老化の根本的メカニズムという説（図表1-5）である。

図表1-5

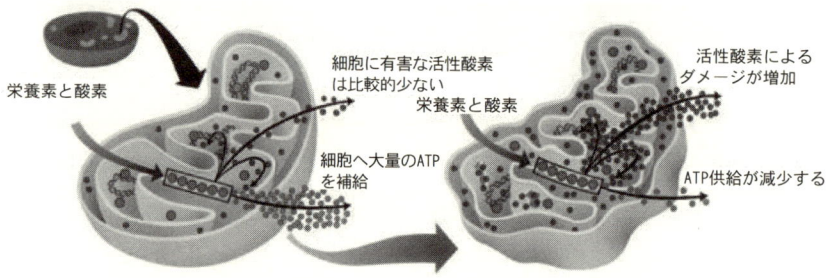

出典：日経サイエンス1996，3月号，36頁。

　老化し不要になった細胞，あるいは活性酸素や発がん性物質（紫外線やニコチンなど）によって毒性をもった細胞は，自ら細胞を自殺に追い込んで（アポトーシス apotosis），異常な細胞を除去している。そこで死んだ細胞を細胞分裂によって補おうとするが，年をとると全ての細胞を補うことができなくなり老化が進んでしまう。活性酸素は，細胞のがん化に関係するだけでなく，血管の動脈硬化も引き起こすとされる。やはり，人類の老化にも15億年前の痕跡が残っているのである。

3. 老年症候学

(1) 記銘力障害

　記憶には保持される時間によって，短期記憶と長期記憶がある。短期記憶は新しい情報を意識上に留めておく能力であり，しかも10秒程度で消失してしまう。加齢によって，この短期記憶は低下しない。長期記憶は，記憶内容がいったん意識から消え去った後，再び想起される記憶であり，加齢によって著しく障害される。人の記憶容量は10テラバイトであり，DVDデイスクにして1176枚分に相当する。

　高齢者が，過去の出来事を最近の出来事よりもよく覚えているという事実はない。高齢者も若者も最近の出来事のほうがよく記憶されている。しかし，新しい知識の記憶は加齢によって明らかに低下する。

　加齢による記銘力低下（物忘れ）は，病的（認知症など）な記銘力低下と異なる。一番の相違点は，日常生活に支障をきたさないという点である。高齢者に見られる比較的頻度の高い疾患に一過性全健忘がある。この疾患は原因もなく突然発症し数時間（6時間前後）持続し，高度の健忘（物忘れ）を呈する。発作中は同じ質問や同じ動作を繰り返し，時刻や場所の見当識障害（いま何時？ここはどこ？など）がみられるが，意識は清明であり，人物についての見当識障害はない（相手の名前はわかる）。しかし，このような健忘発作は生涯1回のみ起こることが多く，再発は稀である。

(2) 高齢者の排尿障害

　男性の最も多い排尿障害は前立腺肥大症であり女性では過活動膀胱である。男女共通では神経因性膀胱が特徴である。前立腺は50歳代から肥大し，尿道を圧迫するようになり，排尿障害が出現する。過活動膀胱は，頻尿，夜間頻尿や切迫性尿失禁（前触れもなく尿意をもよおし，その高まりが強くて急なため，その場で漏らしてしまう）を伴うこともあり（腹圧が上昇しても尿失禁は起きない），この症状の組み合わせと定義される疾患である。原因

は不明であるが，これは膀胱括約筋の機能障害である。神経因性膀胱は排尿に関与する神経の障害によって膀胱機能に異常が生じた状態である。その他，加齢により尿路の感染症，前立腺がん，尿管結石などの頻度が増加する。

(3) 栄養状態の低下

現在，一般的に用いられる栄養状態の指標に体格指数（body mass index; BMI）がある。

$$BMI = 体重(kg) \div \{身長(m)\}^2$$

で表され

BMI	判定
18.5 未満	痩せ
18.5 以上～25 未満	標準
25 以上～30 未満	肥満
30 以上	高度肥満

日本人の新身体計測基準値[5]

低栄養状態が高齢者に及ぼす影響として，低体重（低 BMI 値）や体重減少は生命予後の重要な予測因子である[6]。さらに低栄養の1つの指標である血清アルブミン値も重要な生命予後の指標である[7]。

低栄養は褥瘡（床ずれ）形成にも関与し，感染症を発症しやすくし，免疫能の低下をももたらすことが明らかとなっている。

血液検査で得られた血清アルブミン値が 3.5g/dl 未満を低栄養とすると，杉山ら[8]は介護施設入所者や在宅療養中の高齢者の 30％～40％が低栄養であると報告している。

(4) 転倒および骨折

高齢者における転倒の発生頻度は，在宅高齢者の年間発生率の 10～25％と推定されている[9]。年齢とともに転倒発生率は増加し，後期高齢者（75歳以上）では指数関数的に増加する[10]。加齢にともない，最初に障害されやすい機能は平衡機能であることを考えると納得できる結果である。在宅高齢

者の転倒する場所は，男性では屋外が多く，女性では庭を含めた自宅での転倒が多い[11]。

高齢者ではスポーツ外傷でも，転倒においてでも最も多いのは骨折である。これは高齢者では骨粗鬆症（骨形成速度より骨吸収速度が高いため，骨に小さな穴が多発する状態であり，骨折の原因になる）の頻度が高いからである。

(5) 嚥下機能（飲み込む機能）障害

嚥下とは，食物を口腔から胃へと送り込む一連の運動を指している。この運動の障害を嚥下障害と呼んでいる。健常人には，嚥下障害とは飲み込むとき，むせて，食物が気管に入ることと考えるのが一般的である。このような誤嚥は見ていてわかるため顕性誤嚥と呼ばれる。しかし，高齢者では，夜間，無意識のうちに唾液などを気管に吸い込む不顕性誤嚥が多いことを理解する必要がある。

高齢の肺炎は，夜間の不顕性誤嚥による誤嚥性肺炎が，全肺炎の約70％を占めている[12]。つまり，絶食をしていても肺炎になる可能性は十分あることになる。口腔ケアや歯科治療は，肺炎を予防する[13]が，これは仮に不顕性誤嚥をしても，誤嚥内容物に病原微生物が少ないことによる。

4. 老化による生体調節機構の変化

(1) 神経系の加齢変化

脳の神経細胞は約1000億個と言われており，この数は銀河系の恒星（太陽のように輝いている星）の数に近似している。脳組織には，神経細胞を支える（栄養を補給し，神経伝達を助け，異物を除去する）神経膠細胞がこの何倍の数も存在している。この事実も銀河系の恒星の周囲を衛星が周回している光景と類似している。

老化すると脳も委縮し神経細胞が減少すると考えられてきたが，実は神経伝導に関与するミエリンという脂質が減少する（脱ミエリン化）ことに原因

があることが明らかとなった[14]。この点，世界の偉人と言われる人の脳の重量は興味深い。ツルゲーネフ 2012g，ビスマルク 1807g，カント 1650g，夏目漱石 1425g，アナトールフランス 1017g[15]と言われており，必ずしも偉人の脳が重いというわけではない。一般的な脳の重量は新生児で約 400g，3 歳児 1100g，成人 1300〜1400g である。脳の重量は 4〜5 歳で成人の 90%の重量があり 20 歳ごろまで成長しピークに達する。その後 60 歳ごろから減少し始め，70〜80 歳以降はピーク時の 5〜10%減少する。

　脳の老化には脳実質深部に入り込む毛細血管の動脈硬化も影響していることが 2003 年 Riddle ら[16]により報告された。記銘力低下の代表疾患であるアルツハイマー病（日本に約 24 万人もの患者がいる：厚生労働省　平成 20 年度総患者数）も，当時は β アミロイドたんぱく質が脳血管内壁に凝集し血流障害を起こし神経細胞の機能が低下することが原因と考えられていた[16]。しかし，最近，β アミロイドがミトコンドリアに作用しその機能障害を起こし，ミトコンドリアから排出される活性酸素が増え，アポトーシスを引き起こし，神経細胞が死に至るという説が有力となってきている。やはりここにも生物進化の痕跡が残されている。

　脳機能，特に記憶・学習機能は低下するが，意味記憶（みかんは柑橘類だ。1＋1 は 2 だ。応仁の乱は 1467 年だ。など）は低下せず[17]，認知能力は海馬周辺領域（記憶に関与する部位）の委縮度と相関することも明らかとなってきた。

　脳機能の老化で注目すべきは，シナプスの分離結合が，年齢を重ねても続いているため，思考力や判断力は衰えないことである。

　運動系の制御には，大脳基底核の線条体および脳幹の中脳黒質周辺が関与し，スムーズな運動を統制している。しかし高齢者では，運動がぎこちなくなり，スピードが緩慢になる。これは，老人では神経変性が発生し，複雑な運動ほど動作が遅くなることによる[18]。

　老人は運動能力のみならず，情動も変容してくる。若者と比べ，老人は怒りや悲しみといったネガテイブな感情が低下する。しかし，喜びや楽しみといったポジテイブな感情は保持されている。感情の中心となる偏桃体（図表

1-6)を中心とした大脳辺縁系（人の感情を制御する部位）の容積は加齢の影響を受けていない。このことは死を受け入れたり，人生を振り返り，心の安らぎをもたらす作用もある[19]のである。

図表1-6　扁桃体の位置

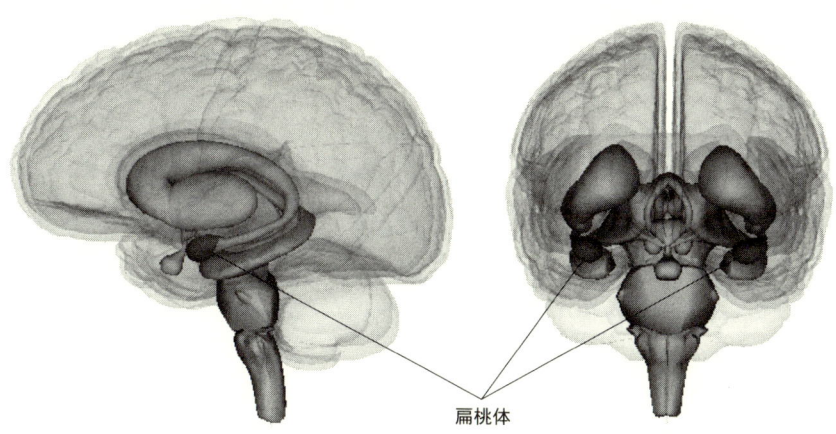

出典：Wikipedia, Body Parts 3D, Copyrightc 200, ライフサイエンス統合データベースセンター, licensed by CC 表示―継承 2.1 日本。http://ja.wikipedia.org/wiki/%E3%83%95%E3%82%A1%E3%82%A4%E3%83%AB:Amygdala.png　参照日：平成 26 年 2 月 18 日。

　自律神経機能は視床下部や脳幹部が重要な働きをしている。高齢者の 25〜40％は睡眠障害を訴えている。しかし，不眠を訴える高齢者は，昼寝などをするため1日の睡眠時間の合計は一般成人と大差がない。しかし，睡眠に陥るまでの時間は長くなり，夜間トイレに起きることなどで夜間目覚める頻度が増しているのである。この原因の第一は，体内時計の活動低下[20]，第二は体の活動を低下させ眠気をもたらすホルモンであり，本来，夜間に分泌されるメラトニンの分泌が低下する[21]ことによる。

　記憶と心の制御には大脳皮質（大脳の表面）が重要な働きをしている。
　記憶の形成時には自分を一人称として把握しているが，後年それを思い返すときは三人称的（彼，彼女，あいつなど）にみている[22]。若い時は自分のことを主観的に捉えるのに対して，客観的に自分を捉えていることも高齢

の特徴である。

(2) 生殖内分泌系の加齢による変化

女性は生まれた時には，約100万個の卵母細胞（卵子を作る細胞）を持っている。このうち成熟して卵子として放出されるのは400～500個である。思春期になると性ホルモンが分泌され卵母細胞から卵子が形成される。毎月1回1個の卵子が作られ，卵管に放出される。閉経がおとずれるのは人によっても異なるが，月経がはじまってから，400～500か月後である。すなわち10歳で初潮があれば45～50歳位に閉経がおとずれることになる。一方，男性は精母細胞から精子が作られる。その精母細胞は精原細胞から作られる。男性は生まれた時から精原細胞を持っており，精原細胞は休眠状態で精巣内にある。精巣内の精原細胞は思春期になると性ホルモンの影響を受け活動を開始する。精原細胞の一部は精細胞となり，この精細胞から精子が作られる。男性は1回の射精で2～3億の精子を放出する。精母細胞は精原細胞の増殖で無限に製造可能である。

人では脳より卵巣の老化が先に進行するが，精巣は無限に精子を製造することができる。

(3) 免疫系の加齢変化

老化にともないリンパ球系の分化が減少する。このことは獲得免疫（一度感染症にかかった生体が，その感染症に抵抗性を獲得した状態）が低下することを示唆している。すなわち，何度も風邪を引いたり，依然に罹患した感染症に再度感染しやすいことを示している。一方，白血球（白血球は好中球，リンパ球，単球，好酸球，好塩基球から構成されている），なかでも好中球への分化は増加している。これは自然免疫（生まれながら持っている免疫能であり，異物の除去とともに，異物についての情報収集が行われる。細菌やウィルスは好中球が取り込み分解する。寄生虫などは好酸球が攻撃する。がんなどの異常が発生した体の細胞はナチュラルキラー細胞が破壊する。異物の情報収集は単球などが行う。）は衰えていないことを示している。

細菌感染症などには今まで通りの免疫能を有していることを示している。

5. 老化の制御機構

(1) 寿命に対する運動効果

近年，運動量と死亡率に関与する研究が，散見されるようになってきた。それらによると長寿の要因が，運動習慣がある者の生活習慣に起因するのかを判定するのは困難であるといわれている。しかし，多くの疫学的研究によって，運動自体が寿命を延長させる可能性は非常に高く[23]，Chakravarhy & Booth[24]は運動習慣が，糖尿病・心臓血管系疾患の予防・改善に効果があると報告している。同様に，運動が死亡率に対して抑制的に働いているとの報告もある[25]。Paffenbarder, RS. Jr. ら[26]は身体活動での消費エネルギーが週 2000 kcal 以上の人は，週 500 kcal 未満の人と比較して，死亡相対危険率が 1/2 であったと述べている。

体力と死亡率に関しても，密接な関係があることがわかってきた。Blair, S. N.[27]らは，適正な運動習慣は加齢性の体力低下の抑制に効果があると報告している。Sawada らは，最大酸素摂取量（エネルギーを作りだせる能力・持久力の指標）が高い群は低い群に比べ，糖尿病の発症率が 0.56 倍，がん死亡率は 0.41 倍であり，死亡率に強い影響を与える因子であると述べている[28]。

(2) カロリー制限

古くから，実験動物でカロリー摂取量を制限すると，自由に食べさせた群に比べ，有意に寿命が延長することが明らかとなっていた[29]。カロリー制限をすると，より少ないブドウ糖からエネルギーをつくり出せるよう，ミトコンドリアの効率を上げる機能が働く。このため，活性酸素ができにくくなり，これらの病気（糖尿病，心臓血管系疾患など）にかかりにくく，長生きできるようになる（図表 1-7）ことが種々の動物実験から明らかとなっている。

図表 1-7　カロリー制限

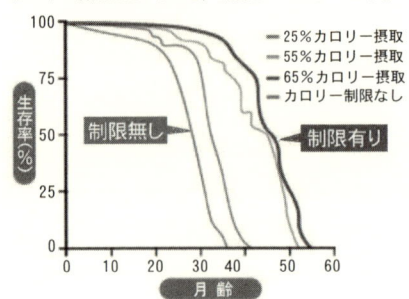

出典：そら株式会社 Web サイト，そらの blog（サーチュイン遺伝子とレスベラトロール）。
http://sora-staff.sblo.jp/article/56879008.html　参照日：平成 26 年 2 月 18 日。

　1980～2000 年，米国のウイスコンシン大学は実験結果から，餌のカロリーを 30%減らすと，糖尿病，循環器疾患，脳卒中，がんの発症を抑えることを証明した[30]。このメカニズムも次第に明らかになってきた。この key となる遺伝子がサーチュイン遺伝子である。この遺伝子は，長寿遺伝子または長生き遺伝子，抗老化遺伝子とも呼ばれ，その活性化により生物の寿命が延びるとされる。サーチュイン遺伝子の活性化により合成されるタンパク質，サーチュイン（Sirtuin）はヒストン脱アセチル化酵素であるため，ヒストンと DNA の結合に作用する（図表 1-8）。「サーチュイン長寿遺伝子」は老化を遅らせ寿命をのばすものであり，ヒトであれば 10 番目の染色体に存在するが，サーチュイン 遺伝子は普段活性化していない。活性化する引き金を引くのは「少ない食料」であること，つまり食事のカロリーを制限したときに活性化する。これは，生物として食料が少なくなると子孫を作ることよりも体を維持しようと働く本能から生じると考えられている。例えば，サーチュインやサーツーが活性化した場合，遺伝子保護物質であるヒストン（DNA 統合制御たんぱく質）のアセチル化（分解）を防いでいる。このアセチル化防止により，DNA の露出を防ぎ，テロメア短縮を促すテロメアー

5. 老化の制御機構　15

図表 1-8　生命の設計図

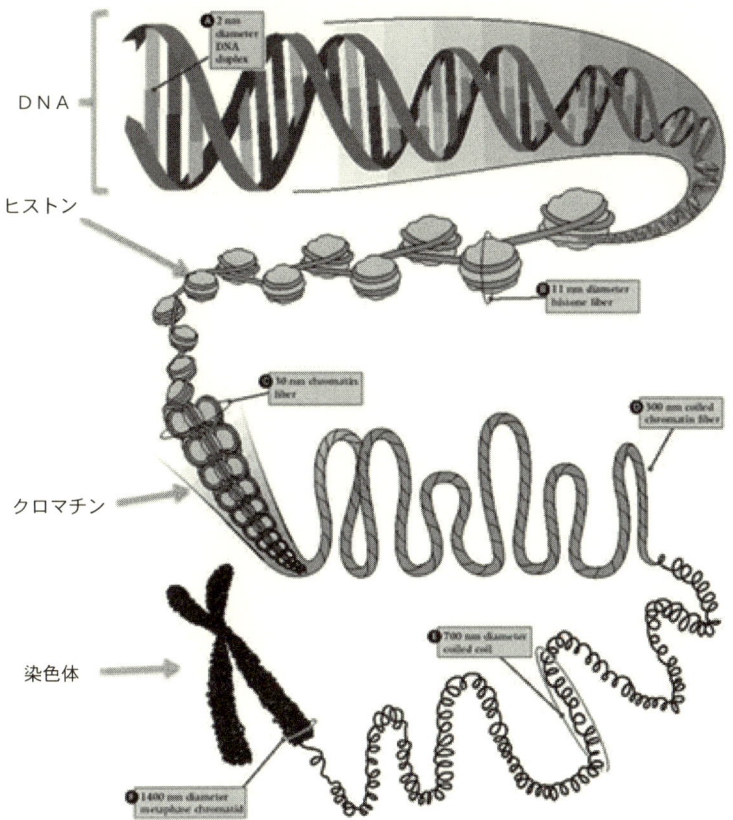

出典：科学情報発信団体スキエンティア Web サイト，生命の設計図。http://d.hatena.ne.jp/scientia-kagaku/?of=26　参照日：平成 26 年 2 月 18 日。

ゼの作用を抑えてくれることが分かっている。そして，その作用によって，細胞の寿命を延ばしてくれる。人間は約 60 兆個もの細胞で形成されて，毎日新陳代謝を繰り返しているが，細胞の寿命を決定するのは，「テロメア」だと考えられている。サーチュインは NAD（ニコチンアミド・アデニン・ジヌクレオチド）に依存的な脱アセチル化の働きがあるという[31]。

カロリー制限という生活習慣によってサーチュイン遺伝子のスイッチが入

る。したがって餌の量を75%に減らすと，寿命が延びるが，逆に過剰なカロリーの摂取はサーチュイン遺伝子を活性化することはない。さらに詳細に検討すると，NADは細胞レベルでの栄養状態に影響を受ける因子であり，エネルギー代謝で重要な働きをする補酵素である。ナイアシンを原料として肝臓で作られ，肝臓に貯蔵されすべての生物に存在している。カロリーを25%程度抑えるとミトコンドリアが細胞の中へ大量のNADを放出する。これが細胞の核内に入りサーチュイン遺伝子を活性化するとされている[32]。簡単に表せば，カロリー制限がNADの増加をもたらし，それがサーチュイン遺伝子の活性化から長寿へと結びつくと考えられている。現代人は食べ物を十分すぎるほど摂っている。そうした状態にあると，サーチュイン遺伝子は眠っていて動かない。しかし，飢餓状態になると目覚め，細胞中のミトコンドリアを活性化させてエネルギー効率を高める。こうしてサーチュイン遺伝子がONになると，身体全体に働きかけて，100近くの老化要因を抑える。その結果，肌，血管，脳など様々な器官が若く保たれ，活性酸素の発生を抑えることから，免疫力低下，動脈硬化，高血糖，ぼけ，骨粗しょう症，脱毛や白髪等の老化症状を防ぎ改善し，美肌や健康に絶大な効果をもたらす。このような結果から寿命も延びるということになる。しかし，Buenett C.らは，サーチュインというタンパク質が寿命を延ばすという過去10年間でなされてきた多くの研究には深刻な欠陥があると指摘している。サーチュインと長寿の間に因果関係があるというのは幻想だということを示す明白な証拠を示した[33]。Leonard Guarante（MIT）もNature「短報」内で自身が行った過去の実験には不備があったことを認めた[34]。スイス連邦工科大学ローザンヌ校（Ecole Polytechnique Federal de Lausannne）のCarles Canto氏とJohan Auwerx氏はNatureに寄せたコメンタリー[35]で，サーチュインは寿命延長の万能薬ではないものの大きな健康上の利点がある可能性はあると述べた。直接的な効果か，間接的な効果かは別として，サーチュインはマウスなどの哺乳類を，高脂肪の食事や加齢関連の疾病による代謝ダメージから守る効果があることが示されていた。

言い換えると，サーチュインは健康な動物の寿命を延ばす効果はないかも

しれないが，食べ過ぎによって身体が受けたストレスを緩和する効果がある可能性はあると結論づけることができる。

(3) 抗酸化物質・ビタミン

人間が呼吸し酸素を吸入するたびに約2%の活性酸素（種）が体内で作り出される。それ以外にも活性酸素（種）の発生原因には，紫外線，タバコ，ストレス，アルコール，激しい運動なども存在する。呼吸で産生される活性酸素を作る部位は細胞内のミトコンドリアである。やはりここでも，元来，生体にとっては異物であったミトコンドリアが，エネルギー産生という多くの利益をもたらすとともに，活性酸素産生という生体にとって有害物質も作り出すのである。

活性酸素（種）にはO^{2-}（スーパーオキシド），HO・（ヒドロキシラジカル），$^3O_2$（3重項酸素），H_2O_2（過酸化水素），$^1O_2$（1重項酸素），NO・（一酸化窒素），CLO^-（次亜塩素酸イオン），O_3（オゾン），LOO・（脂質ペルオキシラジカル），LO・（脂質アルコキシルラジカル），LOOH（脂質ヒドロペルオキシド）など多数存在している。

生体の老化に関与するのは，ミトコンドリアで発生する活性酸素（種）である。活性酸素（種）は多くの臓器を攻撃し，生理機能が低下し退行性変化が誘発される。特に，脳神経系は酸化ストレスに弱い臓器である。その要因は，全身が消費する酸素の1/4を消費し，DHAなどの不飽和脂肪酸が多く，抗酸化防御群の活性が他に比べ弱いという特徴があるためだ。脳の老化にもこの活性酸素（種）が重要な役割を担っている。

一方，このような活性酸素に対して，生体も無抵抗というわけではない。生体には活性酸素を消去できる抗酸化機構が存在している。脳の認識機能や記憶機能を抑制する物質として明らかとなっているものは，Q10[36]，βカロチン・ビタミンC[37]，リポ酸[38]などが報告されている。さらにビタミンEは，刺激に対する応答・精神的な敏捷性・うつ・食欲などを改善する。このため，アルツハイマー病に対してビタミンEを大量に投与することで，病状の進行を遅らせ[39]，興奮性アミノ酸由来の神経細胞死を抑制するなどの報

告[40]がある。

6. 長寿者の秘密

近年，日本は世界屈指の長寿国となってきた。しかし，「どのようにすれば長生きできるのか」，「どのような方法で健康を保つのか」という疑問に簡単に答えることはできない。

そこで，厚生労働省の第5次循環器疾患基礎調査に基づいて，100歳以上の超高齢者の特徴を紹介する。

高血圧症は年をとるにつれて増加している。超高齢者といえども，高血圧症の罹病率は高まっている。一方，超高齢者の糖尿病は抑制されている[41]。超高齢者の日常生活活動度（ADL）と認知機能の関係を調べると，高いADLと認知機能を保っている人ほど，脳血管疾患は少なく，骨折はないことが明らかになっている。以上のことは，百寿者といえども，決して病気知らずの集団ではなく，様々な疾患と共存している。このことより良好な機能を維持したまま超高齢期に達するには，脳血管疾患と骨折の予防が重要であることがわかる。

次に超高齢者の生化学的データを検討すると以下のことが明らかとなっている。

(i) Body mass index (BMI)，アルブミン，コレステロール値が低い。
(ii) C reactive protein (CRP)が高く，炎症反応が亢進している。
(iii) 凝固系が亢進している。
(iv) ホモシステインは，加齢とともに増加し，心血管系疾患の原因となる
(v) 貧血傾向

このように百寿者に炎症亢進など疾患の危険因子の重積が認められる現象は'百歳パラドックス'と呼ばれ，超高齢期に起こる適応現象と考えられる。超高齢者の医学的特徴についてはFranceschi, C.ら[42]が2000年に次のように報告している。超高齢者ではウィルスなどの慢性的な刺激を受け続ける結果，Tリンパ球のほとんどがメモリーTリンパ球で占められ，新たな

抗原に対する免疫応答予備能が弱まる。このため、生体は軽度の炎症亢進状態を引き起こすことにより、自ら免疫応答を賦活化する。この事実は炎症により、栄養状態低下、凝固系の活性化、貧血傾向、骨格筋減弱症などが惹起されることを示している。超高齢者には糖尿病が少ないことを記載したが、この原因は脂肪細胞にあることがわかってきた。脂肪組織からはアディポネクチンが分泌される。アディポネクチンには数多くの働きがある。代表的なものを紹介すると、糖の利用を促し糖尿病の予防、脂肪を燃焼させ、高脂血症の予防と改善、血管を拡張させ高血圧の予防、血管を修復し動脈硬化の予防改善、腫瘍の増殖を抑制し、ガンの予防などである。しかし、太って脂肪細胞自体が大きくなると、アディポネクチンが出なくなる。その結果、肥満の人に病気が多くなる。しかし、肥満の人も痩せて脂肪細胞が縮まればアディポネクチンが出るようになる。ところが、ガリガリに痩せて脂肪細胞がなくなるとアディポネクチンが出なくなる、痩せた人にも病気が多くなる。つまり適度な脂肪がアディポネクチンの分泌には必要であることがわかってきた。このように脂肪細胞はエネルギーの貯蔵庫という役割の他にもさまざまな生理活性物質を分泌する細胞としての役割を持つことがわかってきた。

注
1） Zhang, Q., Raoof, M., Chen, Y., Sumi, Y., Junger, W., Brohi, K., Itagaki, K., Hauser, CJ. (2010), "Circulating mitochondrial DAMPs cause inflammatory responses to injury," *Nature*, 464, pp.104-107.
2） Comfort, A. (1964), *Aging: The Biology of Senescence*, Routledge & Kegan Paul, London, p.22.
3） Arking, R. (1998), The Biology of Aging 2nd Ed., Sinauer Associates, Sunderland MA., p.9.
4） Harman, D. (1996), Aging and disease : extending functional life span, Ann. N. Y. Acad. Sci., pp.321-336.
5） 森脇久隆（2002）「データの表現方法と基準値の使い方、日本人の新身体計測基準値」『栄養ー評価と治療』vol.19（sppl）.
6） 榎裕美、葛谷雅文、益田雄一郎、平川仁尚、岩田充永、井澤幸子、長谷川潤、井口昭久（2007）「訪問看護サービス利用者の身体計測指標と生命予後について」－the Nagoya Logitudinal Study of Frail Elderly（NSL-FE）より、『日老医師』44（2）, 212-218 頁。
7） Iwata, M., Kuzuya, M., Kitagawa, Y., Iguchi, A. (2006), Prognostic value of serum albumin combined with serum C-reactive protein levels in older hospitalized patients : continuing importance of serum albumin, Aging. Clin. Exp. Res. 18 (4), pp.307-311.
8） 杉山みち子、清水瑠美子、中本典子、小山和作、三橋扶佐子、小山秀夫（2000）「高齢者の栄

養状態の実態」『栄養-評価と治療』17 (4), 553-562 頁。
9) 安村誠司 (1999)「高齢者の転倒・骨折の頻度」『日本医師会雑誌』122, pp.1945-1949。
10) Masuda T., Morris RO. (2001), Epidemiology of falls, Age Ageing 4, pp.3-7.
11) 安村誠司 (1991)「地域の在宅高齢者における転倒発生率と転倒状況」『日本公衛誌』38, 735-742 頁.
12) Teramoto S., Fukuchi Y., Sasaki H., Sato K., Sekizawa K., Matsuse T. (2008), High incidence of aspiration pneumonia in community - and hospital - acquired pneumonia in hospitalized patients : a multicenter, prospective study in Japan, J. Am. Geriatr. Soc. 56 (3), pp.577-579.
13) Yoneyama T., Yoshida M., Ohrui T., Mukaiyama H., Okamoto H., Hoshiba K., Ihara S., Yanagisawa S., Ariumi S., Morita T., Mizuno Y., Ohsawa T., Akagawa Y., Hashimoto K., Sasaki H. (2002), Oral care reduces pneumonia in older patients in nursing homes, J. Am. Geriatr. Soc. 50 (3), pp.430-433.
14) Peters A., Rosene DL. (2003), In aging, is it gray or white?, J. Comp. Neurol. 462 (2), pp.139-143.
15) 岩田誠 (2006)『図解雑学：脳のしくみ』ナツメ社。
16) Riddle DR., Sonntag WE., Lichtenwalner RJ. (2003), Microvascular plasticity in aging, Ageing Res. Rev. 2 (2), pp.149-168.
17) Anstey KJ., Low LF. (2004), Normal cognitive changes in aging, Aust. Fam. Physician 33 (10), pp.783-787.
18) Woollacott. (2000), Systems contributing to balance disorders in older adults, J. Gerontol. A. Biol. Sci. Med. Sci. 55 (8), M424-428.
19) Mather K., Carstensen LL. (2005), Aging and motivated cognition : the positivity effect in attention and memory, Trends. Cogn. Sci. 9 (10), pp.496-502.
20) Williams WP. 3rd, Gibson EM., Wang C., Tjho S., Khattar N., Bentley GE., Tsutsui K., Kriegsfeld LJ. (2009), Proximate mechanisms driving circadian control of neuroendocrine function : Lessons from the young and old, Integr. Comp. Biol. 49 (5), pp.519-537.
21) Karasek M. (2004), Melatonin, Human aging, and age-related diseases, Exp. Gerontol. 39 (11-12), pp.1723-1729.
22) Reuter-Lorenz P. (2002), New visions of the aging mind and brain, Trends. Cogn. Sci. 6 (9), p.394.
23) Blair SN., Cheng Y., Holder JS. (2001), Is physical activity or physical fitness more important in defining health benefits ?, Med. Sci. Sports Exerc. 33 (6 Suppl), S.379-399.
24) Chakravarthy MV., Booth FW. (2003), Inactivity and inaction : we can't afford either, Arch. Pediatr. Adolesc. Med. 157 (8), pp.731-732.
25) Paffenbarger RS. Jr, Hyde RT., Wing AL., Lee IM., Jung DL., Kampert JB. (1993), The association of changes in physical-activity level and other lifestyle characteristics with mortality among men, N. Engl. J. Med. 328 (8), pp.538-545.
26) Paffenbarder RS. Jr, Hyde RT., Wing AL., Hsieh CC. (1986), Physical activity, all-cause mortality, and lomgevity of college alumni, N. Engl. J. Med. 314 (10), pp.605-613.
27) Blair SN., Kannel WB., Kohl HW., Goodyear N., Wilson PW. (1989), Surrogate measures of physical activity and physical fitness. Evidence for sedentary traits of resting

tachycardia, obesity, and low vital capacity, Am. J. Epidemiol 129 (6). pp.1145-1156.
28) Sawada SS., Lee IM., Muto T., Matsuzaki K., Blair SN. (2003), Cardioresoiratory fitness and the incidence of type 2 diabetes : prospective study of Japanese men, Diabetes Care 26 (10), pp.2918-2922.
29) McCay CM. (1947), Effects of Restricted Feeding Upon Aging and Chronic Diseases in Rats and Dogs, Am. J. Public Health Nations Health 37 (5), pp.521-528.
30) Colman RJ., Anderson RM., Johnson SC., Kastman EK., Kosmatka KJ., Beasley TM., Alison DB., Cruzen C., Simmons HA., Kemnitz JW., Weindruch R. (2009), Caloric restriction delays disease onset and mortality in rhesus monkeys, Science 325 (5937), pp.201-204.
31) Guarente L. (1999), Diverse and dynamic new functions of the Sir silencing complex, Nat. Genet. 23, pp.281-286.
32) Guarente L. (2008), Mitochondria — a nexus for aging, calorie restriction, and sirtuins ?, Cell. 132 (3), pp.171-176.
33) Buenett C., Valentini S., Cabreiro F., Goss M., Somogyvári M., Piper MD., Hoddinott M., Sutphin GL., Leko V., McElwee JJ., Vazquez-Manrique RP., Orfila AM., Ackerman D., Vinti G., Riesen M., Howard K., Neri C., Bedalov A., Kaeberlein M., Soti C., Partridge L., Gems D. (2011), Absence of effects of Sir2 overexpression on lifespan in C. elegans and Drosophila, Nature 477 (7365), pp.482-485.
34) Viswanathan M., Guarente L. (2011), Regulation of Caenorhabditis elegans lifespan by sir-2.1 transgenes, Nture 477 (7365), E1-2.
35) Lombard DB., Pletcher SD., Cantó C., Auwerx J. (2011), Ageing: longevity hits a roadblock, Nature 477 (7365), pp.410-411.
36) McDonald SR., Sohal RS., Foster MJ. (2005), Concurrent administration of coenzyme Q10 and alpha-tocopherol improves leaning in aged mice, Free Radic. Biol. Med. 38 (6), pp.729-36.
37) Bickford PC., Gould T., Briederick L., Chadman K., Pollock A., Young D., Shukitt-Hale B., Joseph J. (2000), Antioxidant-rich diets improve cerebellar physiology and motor learning in aged rats, Brain Res. 866 (1-2), pp.211-7.
38) Sharma M., Gupta YK. (2003), Effects of alpha lipoic acid on intracerebroventricular steptozotocin model of cognitive impairment in rats, Eur. Neurophychopharmacol 13 (4), pp.241-247.
39) Sano M., Emesto C., Thomas RG., Klauber MR., Schafer K., Grundman M., Woodbury P., Growdon J., Cotman CW., Pfeiffer E., Schneider LS., Thal LJ. (1997), A controlled trial of selegiline, alpha-tocopherol, or both as treatment for Alzheimer's disease. The Alzheimer' s Disease Cooperative Study, N. Eng. J. Med. 336 (17), pp.1216-1222.
40) Sen CK., Khanna S., Roy S., Packer L. (2000), Molecular basis of vitamin E action. Tocotrienol potently glutamate-induced pp.66 (c-Src) kinase activation and death of HT4 neuronal cells, J.Biol. Chem. 275 (17), pp.13049-13055.
41) Motta M., Bennati E., Ferlito L., Malaguarnera M. (2006), Diabetes mellitus in the elderly: diagnostic features, Arch. Gerontol, Geriatr. 42 (1), pp.101-106.
42) Franceschi C., Bonafè M., Valensin S., Olivieri F., De Luca M., Ottaviani E., De Benedictis G. (2000), Inflamm-aging. An evolutionary perspective on immunosenescence, Ann. N. Y. Acad. Sci. 908, pp.244-254.

第2章

加齢の心理学

1. 加齢による心理的変化

　近年，心理学では受精から死までを「生涯発達」という一貫した過程として取り扱うようになっている。かつては発達（development）とは，青年期までの成長の時期を主に指す用語であった。しかし，生物学的な成長過程を中心に考えるのではなく，生物学的な変化に応じて，環境に対する適応的な行動が学習されていく過程を発達と捉えることによって，成人期から老年期に至る，従来は「衰退」と考えられていた生物学的変化についても，「発達」として取り扱うようになった。

　心理学における高齢者研究も，1970年代頃までは，老化に伴い低下する機能を明らかにすることに焦点が当てられてきた。しかし，1980年頃から，後で述べるプロダクティブ・エイジングやアクティブ・エイジングに呼応して，高齢者の活動性の高さを明らかにする研究が盛んに行われるようになった。従来は老化によって一様に生じると信じられてきた機能低下の現象を実証的に詳細に明らかにすることで，機能低下の真の原因を明らかにしたり，老化によって低下しにくい機能を明らかにしたりする研究が現れた。それによって，従来考えられてきたよりも，老年期はそれ以前の年代（成年期）から，緩やかな連続性を持っていることが明らかになってきた。日本でも「老化」という老年期の機能の低下を示す語から，「加齢」という老年期以前からの継続した年齢変化を示す語が使われるようになっている。

(1) 視覚や聴覚の加齢変化

　視覚や聴覚などの感覚機能は，加齢に伴い，老年期において機能低下が生

じる。低下の程度には個人差があるが，機能低下は誰にでも生じる現象である。視覚については，近距離の視力の低下（老眼），水晶体の濁りによるまぶしさ，低コントラスト時の見えにくさ，明るい環境から暗い環境に移行する際に暗さに慣れて見えるようになるまでの時間の伸長（暗順応の低下），暗い場面での感度の低下等の多様な機能の変化が生じる。聴覚については，内耳から神経系にかけて加齢による変化が生じることで聴力の低下が生じる。音の大きさに対する単純な感度の低下ではなく，高音が聞きとりにくい，言語音が聴こえにくいといった特徴があり，ノイズや残響があると一層聞きとりにくくなることが指摘されている[1]。

　こうした，感覚機能の低下は，視・聴覚に直接的に関係する作業の効率やコミュニケーション等に影響を及ぼすが，後述のように，情報の入力段階での負荷があることは，様々な認知過程にも影響を与えていると考えられる。

(2) 注意機能の加齢変化

　注意（attention）とは，複数の情報から必要なものを選択する働き（選択的注意）や複数の情報を同時に処理する働き（分配的注意）などのことである。注意の機能については，注意機能を伴う課題の成績が，高齢者は若年者に比べて悪いという研究が多く示されており，加齢に伴い低下すると考えられてきた。例えば，注意に関する研究の題材として，ストループ課題を用いたものが多く実施されている。ストループ課題とは，着色された色名単語（例：青色で書かれた「赤」という文字）の着色された色名（例：青）を報告する課題であり，着色された色名と文字で書かれた色名が不一致な場合には，一致している場合よりも発声の遅れや誤りが生じる（ストループ効果）。この現象は，着色された色名を言語化する認知過程と文字で書かれた色名の認知過程の2つの過程が共通することで，処理が競合してしまい，遅延や錯誤が生じるものと考えられている。文字で書かれた色名への注意を抑制し，着色された色名に注意を分配することができれば，遅延や錯誤は減少するものと考えられ，注意機能の低下はストループ効果を強めると考えられる。多くの研究で，若年者群と比べて，高齢者群では大きなストループ効果が見ら

れる結果が示されており，加齢による注意機能の低下が示唆されてきた[2]。しかし，ストループ課題を用いた研究をメタ分析した研究では，高齢者群のストループ効果の大きさは，加齢に伴う全般的な速度の低下（general slowing）によって説明が可能であり，加齢による注意機能の低下による効果を否定する研究もある[3]。

(3) 知能の加齢変化

古くから知能検査の得点に加齢が及ぼす影響について研究が行われてきた。その結果，知能検査の得点は20代に比べて，老年期には大きく低下するという研究成果がかつては支持されていた[4]。

ホーン（Horn J. L.）とキャテル（Cattell, R. B.）は，知能検査のさまざまな尺度について，計算や知識等の経験や教育に基づくものを結晶性知能，空間認識や語の流暢性（言葉を速く話したり書いたりすること）等の感覚や運動に基づくものを流動性知能として，14～61歳の参加者の年齢別の比較を行った。その結果，結晶性知能は加齢に伴い上昇し，流動性知能は加齢に伴い低下を示し，合計すると加齢による変化は少ないことを示した[5]。

シャイエ（Schaie, K. W.）は，従来の知能検査を用いた研究の問題点を明らかにし，その結果，結晶性知能は60代まで上昇し，老年期での低下は緩やかであること，流動性知能は40～50代まで上昇し，老年期の低下が大きいことを示した。その結果，老年期の知能検査の合計得点の低下は従来の研究よりもずっと小さく，低下が生じる時期が遅いことが明らかになった（図表2-1）[6)7)]。流動性知能は，神経系の働きに依存しているため加齢の影響を受けやすいと考えられるが，結晶性知能は知識や文化の影響を受け経験・学習によって形成されるという違いがあり，加齢による流動性知能の低下を結晶性知能が補償しているという考え方も提案されている[8]。

流動性知能は，感覚や運動に関係する能力であり，前述のような加齢による視・聴覚機能の低下が関係している。感覚機能の低下が認知的な処理資源に負荷をかけることで，記憶や思考といった知的な処理の効率の低下につながっているとする説[9]だけでなく，感覚と記憶や思考は共通した神経系の加

図表 2-1　系列法による修正後の知能検査の年齢別得点

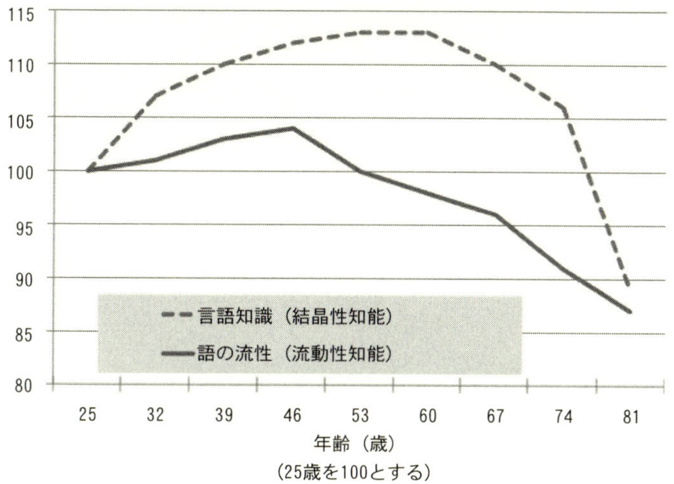
115
110
105
100
95
90
85
80
言語知識（結晶性知能）
語の流性（流動性知能）
25
32
39
46
53
60
67
74
81
年齢（歳）
(25歳を100とする)

出典：Schaie, K. W.（1980）[6] より筆者作成。

齢変化に起因して低下傾向を示すという説（共通原因説）も提案されている[10]。

⑷　加齢研究の落とし穴

なぜ，老年期の知能の低下は過剰に見積もられていたのであろうか。その大きな理由としては，年代によって教育歴や職業歴等が異なるといった文化差があることがあげられる。同じ 70 歳であっても，現在の 70 歳と 20 年前や 20 年後の 70 歳では異なる文化や生活を経験しており，それが知能検査の平均得点に影響するということである。例えばある年代集団における平均的な教育歴の長さは，知能検査の平均得点を向上させる効果を持つ。このような年代別の集団の特性による影響を「コホート効果」と言う。旧来の研究では，ある一時期にさまざまな年齢集団に対して知能検査を行い，その得点を比較する「横断法」と呼ばれる方法を用いていた。横断法では，年代別集団の得点差は加齢の効果とコホート効果が混合しているものを，すべて加齢の効果と解釈したために，過剰に加齢による知的機能の低下が示されてきたと

いえる。その解消のためには，多くの人を継続的に追跡し続ける「縦断法」を用いることが必要である。例えば20〜80歳の加齢の影響を検討するためには，20代の集団を60年間，定期的に観察し続けることによってコホート効果の影響を受けることなく，加齢の効果を明らかにすることができる。しかし，この方法では研究が完了するまでに60年間という非常に長期間が必要となってしまう。そこで，シャイエは，比較的短期間の縦断研究（開始時点－7年後－14年後の3回）をいくつかの年齢の集団（開始時点で25, 32, 39, 46, 53, 60, 67歳の7歳ごとの7つの年齢の集団）に実施し，それぞれの集団間のコホート効果による差を調整する「系列法」という方法を用いることによって，前述のような研究成果を得たのである[再掲6)7)]。

(5) パーソナリティの変化

パーソナリティとは，一般にいう「性格」のことである。パーソナリティの理論は数多く唱えられ，それに応じた測定指標（パーソナリティ検査）も数多く開発されてきた。しかし，近年は理論が整理され，さまざまな性格特性がビッグファイブと呼ばれる5つの特性に統合的され（5因子論），これに基づく検査が開発されている。コスタ（Costa, P. T. J.）らは，5因子論に基づいたNEO性格検査の開発者であり，NEO性格検査を用いた加齢の効果に関する研究を多く発表している。ビッグファイブの5つの特性の名称は検査によって表現が異なっているが，NEO性格検査では，N：神経症傾向（不安，敵意，抑うつ，自意識，衝動性，傷つきやすさ），E：外向性（温かさ，群居性，断行性，活動性，刺激希求性，よい感情）O：開放性（空想，審美性，感情，行為，アイディア，価値）A：調和性（信頼，実直さ，利他性，応諾，慎み深さ，優しさ）C：誠実性（コンピテンス，秩序，良心性，達成追求，自己鍛錬，慎重さ）と命名されている。コスタとマクレイ（McCrae, R. R.）は広い年代のパーソナリティ変化を調べ30代以降はパーソナリティは安定するという結論を示した[11]。また，テラッチアーノ（Terracciano, A）らは，NEO性格検査の15年間の縦断研究の結果から，各特性内の個人の相対的順位の変化は加齢による変化が小さいこと，加齢に

伴いそれぞれの特性ごとに特有の平均値の変化が生じるが，変化の幅は一定の範囲内に留まりそれほど大きな変化とは言えないことを示している[12]。かつては，老年期になると高齢者特有の性格が現れると考えられてきたが，以上のような調査研究の成果から加齢に伴うパーソナリティの変化は考えられているほどの大きな変化ではないと考えられており，むしろ時代背景等によるコホート効果や個人的な経験（例えば，近親者の死のような大きな喪失体験）の影響が大きいと考えられる。

(6) まとめ：加齢による心理的変化の特徴

運動機能や感覚機能，あるいは内蔵機能などの機能低下である老化現象は加齢に伴い，確かに誰でも進行していく。しかし，その低下はとくに前期高齢者（65～74歳）ではそれほど大きくない。また，ここまでみたように高齢者の知的機能やパーソナリティはその前の中年期から連続的であり，従来考えられていたほど変化（低下）しないことがわかった。それは，知的な作業や新しい学習が充分可能であり，また行動の傾向や価値観もそれほど変化しないということを意味している。

また，ここまで述べてきた知見は，あくまで平均的な姿について明らかにしたものであり，一人ひとりを見れば，同じ年齢であっても，生物学的な老化の程度には個人差が大きいことも特徴である。心理・社会的な側面については，それまでの生活上の経験の違いや置かれた環境によって，さらに個人差が大きい。さらに高齢者にとっては，身近な人との死別等の個人的体験は，大きな心理的な影響を与えるできごとであり，個人差を大きくしている。高齢者の心理的変化の特徴は，実は個人差が大きいということなのである。

2. 高齢者に対する社会の見方

(1) 否定的な見解—エイジズム—

老年期以前から継続的であり，しかも個人差が大きいという高齢者像は社

会の中で共有されているとは言い難い。高齢者への社会的な見方には，一様な老化状態を過剰に想定したステレオタイプが存在していることがたびたび指摘されている。このような高齢者に対するステレオタイプは「高齢者神話」と呼ばれており，WHO（世界保健機関）は打破していくべき高齢者神話として，1999年に以下のような6点をあげている[13]。

(i) ほとんどの高齢者が先進国に住んでいる。
(ii) 高齢者は誰でも皆同じである。
(iii) 男性も女性も同じように年をとっていく。
(iv) 高齢者は虚弱である。
(v) 高齢者には何も貢献できることはない。
(vi) 高齢者は社会における経済的な負担である。

アメリカにおいては高齢者に対する年齢的差別はエイジズムと呼ばれ，人種差別（レイシズム），性差別（セクシズム）に次ぐ第3の差別と考えられている。エイジズムに最初に焦点を当てたのは米国加齢研究所（National Institute on Aging: NIA）の初代所長であるバトラー（Butler, R. N.）である[14]。

エイジズムの概念や原因については，アメリカの老年学者であるパルモア（Palmore, E. B.）が1990年の著書において整理された議論を展開した[15]。パルモアによれば，エイジズムは偏見や差別を含むものであるが，その根底には高齢者に対する誤ったステレオタイプが存在している。ステレオタイプには，老化による機能低下を過剰に適用した否定的なものが多く，例えば，病気がちであるといった健康状態に関すること，判断力が低下するといった知的機能に関するもの，仕事の継続能力といった社会的機能に関するものなどについて，高齢者という集団全体について，事実よりも過剰に機能低下があるとする否定的ステレオタイプが認められることが示されている。このような否定的ステレオタイプは，高齢者の個別の能力に関わらず，年齢を理由に社会参加を拒絶するというような否定的エイジズムにつながるとともに，社会的な支援を一律的に過剰に行うような方向性を示す肯定的エイジズムにもつながることが指摘されている。ステレオタイプのなかには，高齢者は親

切で親和的であるとか，社会的な責任がなくなることは幸せにつながるといった肯定的なものもある。しかし，こうした肯定的ステレオタイプも高齢者の個別性を否定する作用を持つ。例えば，老人ホームでの高齢者同士の喧嘩をどう感じるだろうか。もし，「高齢者なのに喧嘩するなんて，特殊な人ではないか」と感じるとすれば，肯定的ステレオタイプの反映である。肯定的ステレオタイプに反する行動に対しては，過剰に否定的態度を持ちがちであり，それが結局，個人差を無視した偏見につながりやすい。

　パルモアは高齢者や加齢に対するステレオタイプを調べるための問題（The Facts of Aging Quiz: FAQ）を作成し，誤った知識がどの程度持たれているのかを調べた。そして，ほぼ同一の項目について，日本でも実施された結果も報告されており，その回答傾向は否定的なステレオタイプに偏りがちであったことが示されている[16)17)]。例えば，「大多数の高齢者には記憶喪失，見当識障害，認知症などの老化現象が見られる。」は事実と合致しない記述であるが，日本での誤答率が62.3%であった。「高齢労働者は効率は若い人より低い。」も事実と合致しない記述であるが，日本での誤答率が74.1%であった。これらの結果については，アメリカでの結果に比べても誤答率が高いことが指摘されている。パルモアは日本で生まれ，幼少期を日本で過ごしたということもあり，アメリカと比較して日本では高齢者を敬う風土があることを著書等で指摘していたが，FAQの調査結果は，これを覆すものであったことが指摘されている[17)]。

(2) 肯定的な見解—プロダクティブ・エイジング—

　バトラーは，高齢者が非生産的であるという否定的な偏見に対抗して，高齢者が社会的役割や社会的活動を果たすことができる存在であることに価値を置いたプロダクティブ・エイジングという概念を提唱した[再掲14)]。それは，高齢になることで知的機能が著しく低下したり，仕事の効率が低くなったりするというステレオタイプを打ち破ることを目指したものであり，アメリカでは高齢者の就労環境を整備する政策につながった。

　高齢者自身の就労継続意識は，国による大きな違いがあり，内閣府による

「平成22年度第7回高齢者の生活と意識に関する国際比較調査」（日本，韓国，アメリカ，ドイツ，スウェーデンの国際比較調査）では，「現在の就労の有無にかかわらず，収入の伴う仕事を辞める時期は何歳ぐらいが適当か」という問に対して，男性については韓国を除く4か国で「65歳ぐらい」（日本42.1%，アメリカ45.9%，ドイツ62.4%，スウェーデン50.9%）という回答が最も多かった（韓国は「70歳くらい」が36.8%で最多）。しかし，日本では，「70歳くらい」が33.0%であり，欧米の各国よりかなり高い値であった（アメリカ16.5%，ドイツ3.2%，スウェーデン2.3%）。女性については，日本，アメリカ，スウェーデンでは「65歳ぐらい」（日本34.4%，アメリカ44.5%，スウェーデン44.9%）が，韓国では「70歳ぐらい」（27.8%），ドイツでは「60歳ぐらい」（61.7%）がそれぞれ最も多かった。「70歳ぐらい」の回答割合は，日本では19.4%であり，男性同様に欧米諸国に比べて高い値であった（アメリカ9.9%，ドイツ1.3%，スウェーデン1.5%）（図表2-2：日本の回答割合だけを抽出）。それに対して，実際の65歳以上の就業率（人口に対する就業者の割合）を比較すると，この結果とほぼ同様の傾向を示し，日本では21.3%であり，韓国とともに高く，アメリカがそれに次ぎ，ヨーロッパ諸国は若干の差があるものの低い値となっている（図表2-

図表2-2　望ましい退職年齢に関する調査

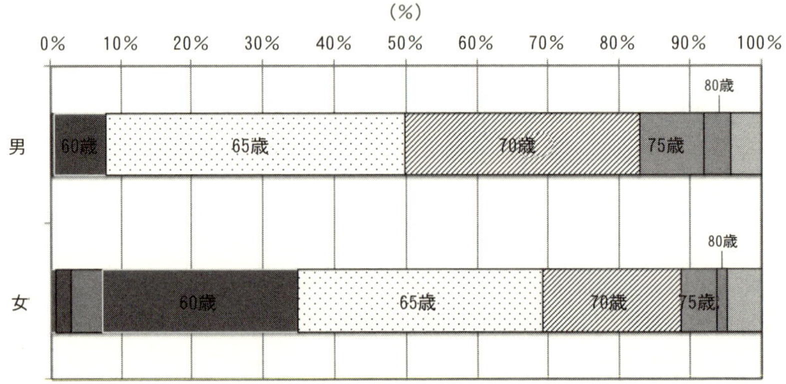

出典：内閣府「平成22年度高齢者の生活と意識に関する国際比較調査」より筆者作成。

図表 2-3　65 歳以上の就業率の国際比較

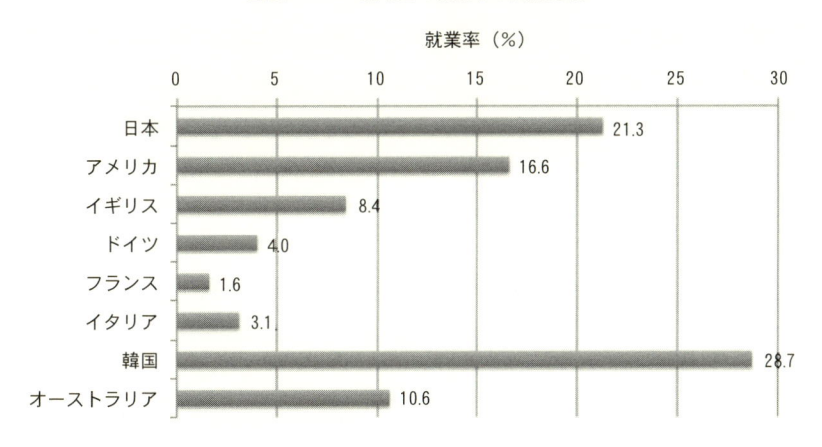

国	就業率（％）
日本	21.3
アメリカ	16.6
イギリス	8.4
ドイツ	4.0
フランス	1.6
イタリア	3.1
韓国	28.7
オーストラリア	10.6

出典：「データブック国際労働比較 2012」独立行政法人労働政策研究・研修機構より筆者作成。

3)[18]。同じ調査で，就労を継続したい理由を聞いているが，どの国でも「収入のため」と言う理由を挙げる割合が高いのは同じ傾向であるが，欧米諸国では，「仕事そのものが面白いから，自分の活力になるから」という回答も多いのに比べて，日本では「働くのは体によいから，老化を防ぐから」という回答が多いのが特徴といえる。日本の高齢者が就労の継続を希望し，それを支える就労環境が整えられつつあるのは，年金制度の問題による収入への不安もあるはずだが，「働くことはよいことだ」という価値観が社会にあることが影響していると考えられる[再掲17]。もちろん，若年者雇用への影響を考慮すべきであることはいうまでもないが，プロダクティブ・エイジングの概念からみれば，高齢者の雇用促進は意義があるといえる。

しかし，プロダクティブという語は，有償労働だけを対象としているわけではない。高齢になってもボランティア活動や家事労働も含めて広く社会への貢献が可能であることを強調する概念である[19]。個人差があるものの，多くの人はやがては職業的に引退し，自分の住む地域を基盤とした生活に戻っていく。それによって，本人を取り巻く社会的関係は大きく変化する。社会的関係を家族だけに頼ることは，家族の疲弊につながるし，家族に高齢者本

人の生き方を委ねてしまうことになりかねない。また，家族と同居しない「独居世帯」の人も増えており，家族のみに頼ることは社会的な関係がない孤立状態に陥る危険性を抱えている。しかし，人は社会を形成して生きていく動物であり，独りでは生きてはいけない。老年期においても社会的関係の中で生きていかざるを得ないのである。プロダクティブ・エイジングでは，「職業的引退」イコール「社会的引退」ではなく，その後の社会的関係のなかでの活動が重要視される。

　日本における高齢者のボランティア活動への参加率（行動者率）は65歳以上全体では23.5%であり，年代別にみると65〜69歳では28.9%，70〜74歳では28.0%，75歳以上では17.9%であった（総務省：平成23年社会生活基本調査）。また，地域活動・ボランティア活動を対象とした調査では，過去1年間に活動に参加した割合は65〜69歳では54.5%，70〜74歳では48.7%，75〜79歳では40.2%，80歳以上では31.2%であった（内閣府：高齢者の経済生活に関する意識調査（平成23年））。なお，2つの調査で参加率が異なる値であるのは，内閣府の調査では，対象となる活動内容に「自治会・町内会等の役員・事務局等」を含んでおり，これがどの年代でも20%を越えているためであると考えられる。このような社会参加の状況に関する国際比較調査（就労の調査と同じく，内閣府の平成22年度第7回高齢者の生活と意識に関する国際比較調査）では「あなたは福祉や環境を改善することなどを目的としたボランティア活動その他の社会活動を行っていますか。」という問を設けて，何らかの活動に参加しているという回答の割合（全く参加したことがないと無回答を除いた割合）を示している。日本では参加率48.3%であったが，スウェーデン71.7%，アメリカでは64.9%，ドイツ54.0%，韓国25.7%であり，就労の希望や状況とは反対に日本や韓国は欧米諸国に比べると参加率が高くない状況である。つまり，就労と地域での社会参加はカウンターバランスの関係にあると考えられる。

　就労期間が伸長しても，その後の地域での人間関係の構築が先延ばしになってしまい，結局地域に戻って生活を始めたときに，社会的な活動や参加が難しくなってしまうことは「プロダクティブ」だとは言えないだろう。就

労期間の延長とともに，次の段階を踏まえた地域での社会参加の促進が日本の大きな課題であり，参加可能な社会的活動の基盤づくりが大きな課題となっている。

　一方，プロダクティブ・エイジングには，労働や活動に焦点を当てすぎると，例えば疾病や障害によってそれが阻害せざるを得ない場合や社会的環境の未整備によって就業や参加の機会がない場合などに，老後の価値の否定につながるという批判がある。日本では，介護保険の要介護認定・要支援認定を受けている高齢者は平成25年8月において，約574万人であり，これは高齢者のうちの17.8%を占めている（介護保険事業状況報告平成25年8月暫定版）。多数派ではないが，決して少ないとはいえない人数である。プロダクティブ・エイジングが「エイジング」の理論である以上は，後期高齢者も含めた幅広い年代に適用可能であり，また老年期に起きる身体的機能や活動性の低下，要介護状態，認知症，そして「死」などを包含して適用可能な概念であることが求められるだろう。

(3) プロダクティブ・エイジングの拡張

　EUでは，2012年をEuropean Year for Active Ageing and Solidarity between Generationsとし，高齢者の雇用，社会参加，生活の自立の3つの分野を促進する運動を実施した。この運動では，高齢者を社会の一員としての市民参加と生活の質（Quality of Life）の向上を目指しており，雇用と社会参加はここまで述べてきたプロダクティブな社会参加と一致するが，「自立」とは，可能な限り自分自身の生活を自ら決め，行うことである（自己決定の要素を明確に表すために，以降は可能な限り「自律」という語を使うことにする）。自分自身の生活について社会的関係を含め，可能な限り自ら行うことができるような「積極的な自分自身の人生への関与」がプロダクティブ・エイジングの概念の想定してあるものであり，それによって高齢者全体を網羅できる包括的な概念になっているといえよう。しかし，老年期のQOL（Quality of Life）に対する大きな脅威の1つである「要介護状態」はこうした生活の自律性を阻害する。

日本では，高齢者介護については介護保険制度によって公的支援が実施されているが，平成18年度からの改正によって介護保険制度の基本的目標は「尊厳の保持」とされている。この改正の基本指針となっている報告書である「2015年の高齢者介護」[20]において，尊厳の保持とは「高齢者がたとえ介護を必要とする状態になっても，その人らしい生活を自分の意思で送ることを可能とすること」（下線は筆者）とされている。その支援は，「起床時間，食事の選択，人間関係などの自己決定の積み重ねを可能とする支援」であり，「小規模な居住空間，なじみの人間関係，家庭的な雰囲気の中で，住み慣れた地域での生活を継続しながら，一人一人の生活のあり方を支援していく」とされている。その人らしさとは，その人が送ってきた社会的関係を含む生活像そのものであり，それを基盤として，自己決定を可能とする生活を支援するということが目標である。この目標は，プロダクティブ・エイジングの概念を反映していると考えられる。それに伴い要介護となってもできる限り生活の自律性を高める支援を行うために地域包括ケアの構築が大きな課題となっている。

　その入口として，要介護状態になることを予防すること（介護予防）が重要である。要介護への予防は，例えば1989年に政府が出した「高齢者保健福祉推進10ヵ年戦略（ゴールドプラン）」のなかで「寝たきりゼロ作戦」として，脳卒中等の脳血管疾患の予防への取り組みが行われてきた。しかし，本格的にその概念が導入されたのは平成12年以降，介護保険制度導入後である。さらに，平成18年度の介護保険法の改正によって，介護保険制度の中で介護予防の重点化が始まり，生活不活発による廃用性機能低下を主な対象とした介護予防の取り組みがスタートした。そこでは，予防効果のエビデンスがある筋力向上によって運動機能の回復を目指す「運動器機能向上」，低栄養状態を改善するための「栄養改善」，嚥下力を高め，また口腔清潔によって嚥下性肺炎を予防する「口腔機能向上」を中心に展開されてきた。

　高齢者の要介護状態の原因疾病は，脳血管疾患（24.1％），認知症（20.5％），高齢による衰弱（13.1％）（平成22年国民生活基礎調査）が上位3位である。前述のように，これまで脳血管疾患と高齢による衰弱の予防対策に

ついて，国をあげた取り組みが行われてきたが，認知症については，「認知症になることを予防する」という最も重要な予防の課題に対して，まだ確定的な手法が開発されていないのが現状である。そこで，平成24年に国が策定した「認知症施策推進5か年計画（オレンジプラン）」では，早期診断・早期対応が重要な課題としてあげられている。その支援の方向性は「認知症となっても，早期から適切な支援によって，可能な限り自立した生活を維持し，地域での参加や人間関係を維持していく」ことが目標となっており，生活の自律性を重視した「プロダクティブ」な考え方が取り入れられている。

筆者らの研究グループは，10年ほど前から軽度認知症や認知機能低下が生じてきた高齢者への生活支援の重要性を提案してきた。認知症となっても，生活の自律性を支援することは，地域で暮らし続けていくために大きな課題である。

3. 軽度な認知症の人のプロダクティブ・エイジング

(1) 軽度認知症や認知機能低下がある高齢者への支援の意義

わが国では，これからさらに人口の高齢化が進むが，高齢者人口の割合が増えるだけでなく，高齢者の中の高齢化が進んでいる。国立社会保障人口問題研究所による人口推計（平成24年1月：出生中位・死亡中位推計）によれば，2015年から2025年の65歳以上人口の変化は，3396万人（総人口比：26.8%）から3657万人（総人口比30.3%）に増加する（増加率7.7%）。そのうち75歳以上の人口は1646万人（総人口比13.0%）から2179万人（総人口比18.1%）であり，増加率32.4%と，65歳以上人口よりも高い増加率が見込まれている。老年学では，これまでも65～74歳を前期高齢者，75歳以上を後期高齢者と呼び，高齢者のなかでの加齢の影響を検討してきた。もちろん前述の通り，加齢の個人差が大きいことはいうまでもないことだが，集団的にみると前期高齢者と後期高齢者では特性の違いがあることが指摘されている。最も顕著な違いのひとつが認知症の有病率である。2013年に報告された筑波大学・朝田隆教授を代表とする研究班による全国8カ所に

おける大規模な調査による認知症患者数の推計結果においても，年齢階級別にみると 70～74 歳に比べて，75～79 歳は患者数が約 3 倍の人数であり，さらに 80～84 歳，85～89 歳と患者数は増加し，ピークである 85～89 歳では 75～79 歳の約 4 倍に達していた[21]。

国の推計（平成 24 年 8 月厚生労働省推計）によれば，要支援認定・要介護認定を受けているなかで，認知症高齢者の日常生活自立度 II（認知症によって何らかの支援を要する人）への該当者は，2010 年で 280 万人（65 歳以上人口比：9.5%），2025 年には 470 万人（高齢者人口比：12.8%）となっている。先述の朝田報告書では，2010 年における 65 歳以上の認知症高齢者の推定数は 439 万人（高齢者人口比：15%）であり，認知症ではないが一定以上の認知機能の低下が見られる MCI（Mild Cognitive Impairment：後述）の該当者数は 380 万人で高齢者人口比 13% と推計されている[21]。厚生労働省の説明によれば，両推計における認知症高齢者数の差である約 160 万人が要支援・要介護認定を受けていないか，認知症高齢者の日常生活自立度 I（認知症ではあるが日常生活は自立）という軽度認知症への該当者であるとしている[22]。

認知症ではないが，何らかの知的機能の低下が生じている（あるいは自覚している）高齢者について，前述の MCI や AACD（Age-Associated Cognitive Decline）と呼ばれる認知症以前の軽度の認知機能，記憶機能に関する障害としてとりあげられるようになっている。MCI は認知症ではないが，軽度な記憶機能の障害という観点から，(1) 本人または家族による物忘れの訴えがある，(2) 全般的な認知機能は正常，(3) 日常生活動作は自立している，(4) 認知症ではない，(5) 年齢や教育レベルの影響のみでは説明できない記憶障害が存在することとされている[23]。一方で，AACD は，加齢に伴う認知機能の低下という観点から，認知機能の低下として記憶以外に言語，注意，視空間機能，論理（推論）にも注目した概念である[24]。いずれの該当者についても，その後の認知症発症率が，そうでない人に比べて高いことが示されており，適切な支援による認知症予防は重要な課題である。実際に各地域で行われている認知症予防の活動や初期認知症の人に対する支援に

おいて重要な対象者層となっている[25]。しかし，MCIやAACDの定義のなかでは，日常生活機能への影響についてはあまり明らかになっておらず，生活の自律性の維持のための支援策は未だ明確になっているとは言えない。

　日常生活機能の評価については，広く普及しているBarthel Indexで測定される歩行，摂食，排泄，入浴，更衣・整容などの身体的な動作に関係するADL（Activities of Daily Living：日常生活動作）と交通機関を利用する，電話をかける，掃除・洗濯・食事の仕度といった身の回りのことをする，金銭管理をする，などの生活上の複雑な活動を含むIADL（Instrumental Activities of Daily Living：手段的（道具的）日常生活動作）の両方を含んでいる。斎藤らは「高齢者の自立性に関して主要な支援対象となるのは，社会的に独立した生活を営む能力」として，自立して生活をしている地域高齢者向けの日常生活機能の評価としてIADLの重要性を指摘している[26]。また，認知症の進行過程においてもIADLがADLより先に障害されること[27]やIADLの評価が，認知症のリスクの予測や初期的な認知症のスクリーニングに役立つこと[28]が示されている。

　次節では，宮城県のある地区に居住している高齢者を対象として実施された調査の中で，高齢者の日常生活機能と認知機能の関係を分析した結果をみてみよう[29]。

(2) 日常生活機能と認知機能とは

　居宅で暮らす高齢者の日常生活機能を明らかにするためには，より活動性が高く，社会的活動や知的活動を行う高齢者像を念頭に置き，IADLを中心とした測定指標を用いる必要がある。そこで，他地区での調査をもとに評価するための指標を作成した（図表2-4）。項目は，①家計の管理（項目1・2），②家事（3．4），③他者との交流（5，6），④段取りと実行（7，8），⑤スムーズな身辺動作（9，10），⑥足腰の衰え（11，12），⑦交通手段の利用（13，14），⑧感覚機能の衰え（15，16），⑨出版物を読む（17，18），⑩電話の利用（19，20）という10種類の項目でIADLや身体動作に関連する評価を行える指標を作成した（図表2-4）。

図表 2-4　日常生活機能評価の調査項目

1	日用品の買い物をすることができる
2	銀行預金・郵便貯金の出し入れが自分でできる
3	自分で食事の用意ができる
4	自分で掃除ができる
5	友達の家を訪ねることがある
6	家族や友人の相談にのることがある
7	何かの会の世話係や会計係が勤められる
8	はじめての場所でもひとりで計画を立てて旅行できる
9	手が上がりにくく，洗髪がしづらい
10	浴槽の出入りがつらい
11	長時間歩くのがつらい
12	多少の段差でつまずくことがある
13	ひとりでバスや電車，車を運転して出かける
14	バスや電車を使ってひとりで外出する
15	食べ物の味がよくわからなくなってきたと感じる
16	においがにぶくなってきたと感じる
17	新聞を読んでいる
18	本や雑誌を読んでいる
19	自分で電話をかける
20	自分で電話番号を調べて電話をかけることができる

出典：筆者作成。

　一方，認知機能機能の指標としては，認知機能の簡便な評価が可能な改訂長谷川式簡易知能評価スケール（HDS-R）を用いた。HDS-R は 9 問の記憶機能に関する項目で構成されており，言語的に回答する形式で統一され，通常 5 〜10 分程度で施行可能である。30 点満点で採点され，記憶機能が高いほど高得点となるが，20 点以下を認知症の疑いがあるものと判定するカットオフポイントを採用した場合に最も高い弁別性が示されている（図表 2-5）[30]。

　調査の結果，54 歳以上の 1051 名（女性 637 名，男性 414 名）を対象として分析することができた[31]。認知症のスクリーニングに用いられる HDS-R の得点基準である 20 点以下／21 点以上で 2 群に分けると，低得点群（〜20 点）が 109 名（10.4％），高得点群（21 点〜）が 942 名（89.6％）であった。また，年齢群別に HDS-R の平均値を算出すると図表 2-6 のようになり，やはり 75 歳以上の群ではやや低下が見られた。

図表 2-5　改訂　長谷川式簡易知能スケール（HDS−R）

	質問内容		配　点	得　点
1	お歳はいくつですか？（2年までの誤差は正解）		0　1	
2	今日は何年何月何日ですか？　何曜日ですか？ （年月日, 曜日が正確でそれぞれ1点ずつ）	年	0　1	
		月	0　1	
		日	0　1	
		曜日	0　1	
3	私達が今いるところはどこですか？ （自発的に出れば2点, 5秒おいて, 家ですか？病院ですか？施設ですか？の中から正しい選択をすれば1点）		0　1　2	
4	これから言う3つの言葉を言ってみてください。あとでまた聞きますのでよく覚えておいてください。 （以下の系列のいずれか1つで, 採用した系列に丸印をつけておく。） 1: a) 桜　b) 猫　c) 電車　2: a) 梅　b) 犬　c) 自動車		a: 0　1 b: 0　1 c: 0　1	
5	100から7を順番に引いてください。 （100−7は？それからまた7を引くと？と質問する。最初の答えが不正解の場合, 打ち切る。）	(93)	0　1	
		(86)	0　1	
6	私がこれから言う数字を逆から言ってください。 （6-8-2, 3-5-2-9）（3ケタ逆唱に失敗したら打ち切る。）	2-8-6	0　1	
		9-2-5-3	0　1	
7	先ほど覚えてもらった言葉をもう一度言ってみてください。 （自発的に回答があれば各2点。もし回答がない場合, 以下のヒントを与え正解であれば1点。） a) 植物　b) 動物　c) 乗り物		a: 0　1　2 b: 0　1　2 c: 0　1　2	
8	これから5つの品物を見せます。それを隠しますので何があったか言ってください。 （時計, 鍵, たばこ, ペン, 硬貨など必ず相互に無関係なもの）		0　1　2 3　4　5	
9	知っている野菜の名前をできるだけ多く言ってください。 （答えた野菜の名前を右欄に記載する。途中で詰まり, 約10秒待ってもでない場合にはそこで打ち切る。） 5個までは0点, 6個が1点, 7個が2点, 8個が3点, 9個が4点, 10個が5点		0　1　2 3　4　5	
		合計得点		

出典：加藤ら（1991）[30]。

図表 2-6　HDS-R の年齢群平均得点

年齢群	度数	平均値	標準偏差
〜64 歳	311	27.2	2.5
65〜74 歳	393	26.1	3.1
75 歳	347	23.7	4.3
合計	1051	25.6	3.7

出典：筆者作成。

(3) 日常生活機能と認知機能の関係をみる

　日常生活機能に関する 20 項目と認知記憶機能を評価する HDS-R の得点の関係は関係があるのだろうか。そこで HDS-R の得点について，認知症／非認知症のカットオフポイントとして用いられている 20 点以下／21 点以上と，全体の平均得点である 26 点以下／27 点以上でそれぞれ 2 群に分け，日常生活機能の状況について，「できない（またはしていない）」という割合を比較した（図表 2-7）。すると，20 点以下／21 点以上で 2 群に分けた場合には，ほとんどの日常生活機能で「できない」という割合が，HDS-R20 点以下のグループでかなり多いという結果であった。表 2-7 のなかの「オッズ比」というのは 20 点以下のグループが，21 点以上のグループに比べ，各日常生活機能が「できない」というリスクが何倍高まるのかということを示す指標である。これをみると，預貯金の出し入れや買い物といった「家計の管理」や「電話」に関する項目のオッズ比が高く，軽度認知症の日常生活上の困難さを表していると考えられる。また，掃除や食事の用意といった「家事」についても，2 グループの違いが大きく，できなくなる，あるいは，やらないようになるという課題が浮かび上がった。

　さらに，軽度な認知機能の低下による影響を知るために，26 点以下／27 点以上で 2 群に分けた場合も分析した（図表 2-7）。HDS-R の得点が 26 点以下／27 点以上で 2 群に分けた場合には，27 点以上の高得点群の日常生活機能のなかで「できない」という割合は，「足腰の衰え」の 2 項目，「段取りと実行」の 2 項目「印刷物を読む」のうち「本や雑誌を読んでいる」について高かった。同様にオッズ比をみると，「日用品の買い物ができる」，「自分

3. 軽度な認知症の人のプロダクティブ・エイジング　41

図表 2-7　HDR-R 得点による日常生活機能の違い

		HDS-R: 〜20点	HDS-R: 21点〜	オッズ比	HDS-R: 〜26点	HDS-R: 27点〜	オッズ比
1	日用品の買い物をすることができる	40 36.7%	47 5.0%	11.04	75 14.2%	12 2.3%	7.05
2	銀行預金・郵便貯金の出し入れが自分でできる	56 51.4%	100 10.6%	8.90	112 21.2%	44 8.4%	2.93
3	自分で食事の用意ができる	34 39.1%	46 4.9%	8.83	64 12.1%	16 3.1%	4.37
4	自分で掃除ができる	26 23.9%	20 2.1%	14.44	42 8.0%	4 0.8%	11.21
5	友達の家を訪ねることがある	30 27.5%	92 9.8%	3.51	88 16.7%	34 6.5%	2.88
6	家族や友人の相談にのることがある	40 36.7%	86 9.1%	5.77	92 17.4%	34 6.5%	3.03
7	何かの会の世話係や会計係が勤められる	82 75.2%	385 40.9%	4.39	273 51.7%	194 37.1%	1.82
8	はじめての場所でもひとりで計画を立てて旅行できる	83 76.1%	443 47.1%	3.59	299 56.6%	227 43.5%	1.70
9	手が上がりにくく，洗髪がしづらい	30 27.5%	105 11.1%	3.03	82 15.5%	53 10.1%	1.63
10	浴槽の出入りがつらい	34 31.2%	87 9.2%	4.46	84 15.9%	37 7.1%	2.49
11	長時間歩くのがつらい	60 55.0%	324 34.4%	2.33	218 41.3%	166 31.8%	1.51
12	多少の段差でつまずくことがある	53 48.6%	308 32.7%	1.95	202 38.3%	159 30.4%	1.42
13	ひとりでバスや電車，車を運転して出かけることができる	47 43.1%	144 15.3%	4.20	128 24.2%	63 12.1%	2.33
14	バスや電車を使ってひとりで外出する	51 46.8%	119 12.6%	6.08	121 22.9%	49 9.4%	2.88
15	食べ物の味がよくわからなくなってきたと感じる	20 18.3%	81 8.6%	2.39	55 10.4%	46 8.8%	1.21
16	においがにぶくなってきたと感じる	23 21.1%	107 11.4%	2.09	76 14.4%	54 10.3%	1.46
17	新聞を読んでいる	19 17.4%	61 6.5%	3.05	55 10.4%	25 4.8%	2.32
18	本や雑誌を読んでいる	53 48.6%	367 39.0%	1.48	246 46.6%	174 33.3%	1.75
19	自分で電話をかける	14 12.8%	18 1.9%	7.56	28 5.3%	4 0.8%	7.27
20	自分で電話番号を調べて電話をかけることができる	21 19.3%	14 1.5%	15.82	30 5.7%	5 1.0%	6.24

注：各項目について「できない」と回答した人数と各群での割合（%）を示した。
出典：筆者作成。

で掃除ができる」,「自分で電話番号を調べて電話をかけることができる」についてオッズ比が高かった。このままでは,性別や年齢の影響や項目間の相互関係があって,本当に特徴的に認知機能の低下と関係した日常生活機能がわかりにくいため,ロジスティック回帰分析という手法を使って,調べてみた。すると,HDS-Rが20点以下／21点以上の場合には,「銀行預金・郵便貯金の出し入れが自分でできる」「自分で掃除ができる」「何かの会の世話係や会計係が努められる」「自分で電話番号を調べて電話をかけることができる」の4項目が関係していることがわかった。この4項目と性別,年齢を使うと,HDS-Rが20点以下／21点以上のグループのどちらに属するかということが84.4%の精度で予測できた。また,HDS-Rが26点以下／27点以上の場合には,「日用品の買い物をすることができる」「バスや電車を使ってひとりで外出する」「本や雑誌を読んでいる」の3項目が関係していることがわかった。こちらでは,この3項目と性別,年齢を使って,HDS-Rが26点以下／27点以上のグループのどちらに属するかということを推定すると精度は71.9%とやや低かった。

4. まとめ
―認知症高齢者へのプロダクティブ・エイジングの拡張

実際のデータをみながら,認知機能と日常生活機能の関係をみてきた。身の回りのことだけでなく,社会との関わりを維持していく機能が認知機能の低下によって阻害されやすいことがわかり,その支援が大きな課題である。注意しなければならないのは,これらの日常生活機能を向上させれば,認知機能の低下が防げるとは限らないということである。軽度の認知機能の低下に付随して,低下しやすい生活上の機能について,適切な支援を行い,生活の自律性を維持することが重要である。適切な支援を構築する際に,ここでのテーマであるプロダクティブ・エイジングにおける自律の概念を重視することが求められる。ある生活上の行為（例えば掃除）をしなくなるのは,困難を感じることで「行わなくなる」ことがきっかけになっていたり,代行し

4. まとめ

てしまうことで「行わせなくなる」ことが原因だったりすると考えられる。軽度な認知機能の低下によって日常生活機能が阻害されるのは，認知機能の低下が原因であるばかりではなく，環境的な原因（物理的，社会的）も大きいのである。環境としては，物も人も，その人の認知機能の低下を補うようなものが望ましいといえよう。

「認知症なのに「プロダクティブ」なんて・・・」というのは，認知症のステレオタイプが働いている可能性が大きい。繰り返すが，プロダクティブであるというのは，生産や社会的活動に従事することだけを指すのではない。中核は「積極的な自分自身の人生の関与」である。些細なことであっても，自律の積み重ねが必要であり，それが困難になりかけたときにこそ，自律性に配慮した支援が必要である。逆に，それを阻害する環境的要因（物理的にも社会的にも）を変えていくことが社会的な取り組みとして必要であろう。

注

1) Gorden-Salant, S. (2005), "Hearing loss and aging: New research findings and clinical implications," *Journal of Rehabilitation Research & Development*, 42-4, Supplement2, pp.9-24.
2) Spielder, D.H., Balota, D.A. & Faust, M.E. (1996), "Stroop performance in healthy younger and older adults and in individuals with dementia of the Alzheimer's type," *Journal of Experimental Psychology:Human Perception and Performance*, 22, pp.461-479.
3) Verhaeghen, P. & De Meersman, L. (1998), "Aging and the Stroop effect: A meta-analysis," *Psychology and Aging*, 13, pp.120-126.
4) Doppelt, J.E. and Wallace, W.L. (1955), "Standardization of the Wechsler Adult Intelligence Scale for older person," *Journal of Abnormal and Social Psychology*, 51, pp.312-330.
5) Horn J.L. & Cattell, R.B. (1967), "Age differences in fluid and crystallized intelligence," *Acta Psychologia*, 26, pp.107-129.
6) Schaie, K.W. (1980), "Intelligence and problem solving," in J. E. Birren & R. B. Sloane (Eds), *Handbook of mental health and aging*, NJ: Prentice-Hall, pp.262-284.
7) Schaie, K.W. & Willis, S.L. (2002), *Adult development and aging (5th edition)*, NJ: Prentice-Hall.
8) Baltes, P.B., Staudinger,U.M. & Lindenberger,U. (1999), "Lifespan psychology: Theory and application to intellectual functioning," *Annual Review of Psychology*, 50, pp.471-507.
9) Scneider, B.A., Daneman, M., Murphy, D.R. & See, S.K. (2000), "Listening to discourse in distracting setting: The effects of aging," *Psychology and Aging*, 15, pp.110-125.

10) Lindenberger, U. & Baltes, P.B. (1994), "Sensory function and intelligence in old age: A strong connection," *Psychology and Aging*, 9, pp.339-355.
11) Costa & McCrae (1988), "Personality in adulthood: A six-year longitudinal study of self-reports and spouse rating on the NEO Personality Inventory," *Journal of Personal and Social Psychology*, 54, pp.853-863.
12) Terracciano, A., McCrae, R.R., Brant, L.J. & Costa, P.T.J. (2005), "Hierarchical Linear Modeling Analyses of NEO-PI-R Scales In the Baltimore Longitudinal Study of Aging," *Psychology and Aging*, 20, pp.493-506.
13) WHO (1999), *Ageing, Exploding the myths Ageing and Health Programme*.
14) 成田健一 (2008)「高齢者を取り巻く社会的環境」権藤恭之編『高齢者心理学』朝倉書店, 41-63頁。
15) Palmore, E.B. (1990), *AGEISM: Negative and Positive Springer*.（パルモア, E.B. 奥山正司ら訳 (1995), エイジズム『優遇と偏見・差別』法政大学出版局。)
16) Koyano, W., Inoue, K. & Shibata, H. (1987), "Negative misconcentons about aging in Japanese," *Journal of Cross-Cultural Gerontology*, 2, pp.131-137.
17) 柴田博 (2003),「高齢者差別（エイジズム）」柴田博・長田久雄（編）『老いのこころを知る』ぎょうせい, 57-70頁。
18) 独立行政法人労働政策研究・研修機構 (2012)『データブック国際労働比較 2012』。
19) 柴田博 (2012)「日本型プロダクティブ・エイジングのための概念整理」国際長寿センター『平成 24 年度プロダクティブ・エイジングと健康増進に関する国際比較調査研究報告書』8-18頁。
20) 高齢者介護研究会 (2003)『2015 年の高齢者介護』厚生労働省。
21) 朝田隆 (2013)「都市部における認知症有病率と認知症の生活機能障害に対する対応」『平成 23～24 年度厚生労働科学研究費報告書』。
22) 厚生労働省 (2013)「認知症有病率等調査について」平成 25 年 6 月 6 日社会保障審議会介護保険部会（第 45 回）資料 6。
23) Petersen, R.C., Doody, R., Kurz, A., Mohs, R.C., Morris, J.C., Rabins, P.V., Ritchie, K., Rossor, M., Thal, L. & Winblad, B. (2001), "Current concepts in mild cognitive impairment," *Archives of Neurology*, 58, pp.1985-92.
24) Levy, R. (1994), "Ageing-associated Cognitive Decline," *International Psychogeriatrics* 6, pp.63-68.
25) 矢冨直美 (2003)「早期の痴呆あるいは前駆状態を対象とした介入プログラムのあり方」『老年精神医学雑誌』14, 20-26 頁。
26) 齋藤圭介・原田和宏・香川幸次郎・中嶋和夫 (2001)「地域高齢者を対象とした ADL, IADL 統合尺度の構成概念の検討」『老年社会科学』23, 31-39 頁。
27) Mathuranath, P. S., George, A., Gherian, P.J., Mathew, R., Sama, P.S. (2005), "Instrumental activities of daily living scale for dementia screening in elderly people," *International Psychogeriatrics*, 17, pp.461-474.
28) Barberger-Gateau, P., Fabrigoule, C., Rouch, I., Letenneur, L. and Dartigues, J. (1999), "Neuropsychological Correlates of Self-Reported Performance in Instrumental Activities of Daily Living and Prediction of Dementia," *Journal of Gerontology: Psychological Sciences*, 54B, pp.293-303.
29) 調査地区に居住している 54 歳以上のすべての者（1550 名）を対象にした縦断調査研究の一部であり、その初年度の調査に含まれていた内容である。この研究は、平成 14 年度厚生科学研

究費補助金・長寿科学総合研究事業「痴呆予防と初期痴呆高齢者に対する日常生活支援の方法に関する研究（主任研究者：長嶋紀一）」の補助を受けて実施された。また，本章は下記の論文の内容をまとめ，一部再解析したものである。
　　内藤佳津雄・阿部哲也・加藤伸司ら（2011）「在宅高齢者の日常生活機能と認知機能の関係」『日本大学心理学研究』32, 8-14 頁。
30) 加藤伸司・下垣 光・小野寺敦志・植田宏樹・老川賢三・池田一彦・小坂敦二・今井幸充・長谷川和夫（1991）「改訂長谷川式簡易知能評価スケール（HDS-R)の作成」『老年精神医学雑誌』2, 1339-1347 頁。
31) 調査対象の1550名のうち，有効回答は1134名（回答率は73.2%）であり，さらにHDS-Rについて施行できなかった52名と点数が10点以下で認知症の疑いが濃厚な者31名を除いた1051名を解析対象者とした。

第3章

少子高齢化の経済的帰結
—簡易人口経済計量モデルによるシミュレーション分析—

1. はじめに

　これまでの諸章では，人はなぜ老いるのか（第1章），人の心理状態は老いによってどう変化するか（第2章），といった問題を医学と心理学の観点から見てきた。

　この年齢を積み重ねた老人（老年（65歳以上）人口）の総人口に占める割合が高まることを，人口の高齢化という。高齢化は，平均寿命（出生時平均余命）の延長によって進展するが，出生率の低下による子供数の減少，すなわち少子化の進行によっても進展する。今日の日本においては，平均寿命の延長による老年人口の増加と，出生率の低下による子供数（年少（0～14歳）人口）の減少とが，人口の高齢化を激化させている。

　少子高齢化の急速な進展は，今後，我が国の社会や経済に大きな影響を及ぼすはずである。社会を構成しているのは，当然，1人ひとりの人間である。また，我々が消費している各種の商品（経済財）は，1人ひとりの人間が営む生産活動（経済活動）が生み出した成果物である。それゆえ，そうした人間の集合体である人口の男女年齢別構成が少子高齢化によって変化すれば，それによって社会や経済も変化せざるを得ないからである。

　しかしながら，その影響の内容に関しては，少子高齢化の進展をより高次元の社会経済への飛躍の好機とする楽観論[1]から，我が国を衰退に向かわせるものと考える悲観論[2]までが入り乱れた，いわば百花繚乱の状況にある，というのが実情である。

　そこで，本章においては，この少子高齢化の進展という人口変動が，我が

国の経済に及ぼす影響を，人口経済学的に理論と実証の両面から考察する。

2. 経済発展と少子高齢化（人口転換）

　少子高齢化現象に直面しているのは，社会経済の発展が成熟段階に達した日本をはじめとする先進諸国である。では，人口変動と経済の発展との間には，どのような関係があるのだろうか。まず，この点を，人口転換理論に基づいて理論的に考察する。

　人口転換理論とは，西欧諸国の歴史的経験から導出された経験法則である[3]。その内容は，経済の発展にともなって，一国の出生率と死亡率は高水準（多産多死）から低水準（少産少死）へと推移する，というものである[4]。この推移のことを人口転換といい，通常，その過程は図表3-1のように4つの段階に区分される。まず，第Ⅰ段階は，経済発展の遅れゆえに出生率も死亡率も高水準にある低発展期，前近代化期である。次の第Ⅱ段階は近代化の前期（経済発展の始動期および発展前期）であって，第Ⅰ段階を通じて形成された多産を歓迎する通念が社会の隅々にまで浸透しているために，出生率は依然として高水準にあるものの，経済発展にともなう生活水準の向上等によって，死亡率は急速に低下しはじめる。第Ⅲ段階は近代化の後期，発展後期であり，この高出生率と低死亡率による人口圧力の高まりを受けて家族計画等が行なわれるため，出生率が急速な低下を開始する時期である。第Ⅳ段階は，経済の発展が高水準に達した高発展期，成熟期であって，出生率と死亡率はともに低水準に達して安定する。

　以上が人口転換理論の概要であるが，出生率と死亡率とがこのように変化すると，人口の自然増加率（＝出生率－死亡率）は，第Ⅰ段階では低水準にあるが，第Ⅱ段階になると上昇に転じ，第Ⅲ段階に入ると低下しはじめ，最後の第Ⅳ段階では低水準で安定することになる。一国の総人口規模は，一般に，ロジスティック曲線が示す法則に従って推移するが，これは自然増加率が経済の発展に伴ってこのように変換するからである。

　出生率と死亡率のこうした推移は，人口の年齢構成（具体的には，人口ピ

48　第3章　少子高齢化の経済的帰結

図表 3-1　経済発展と人口変動

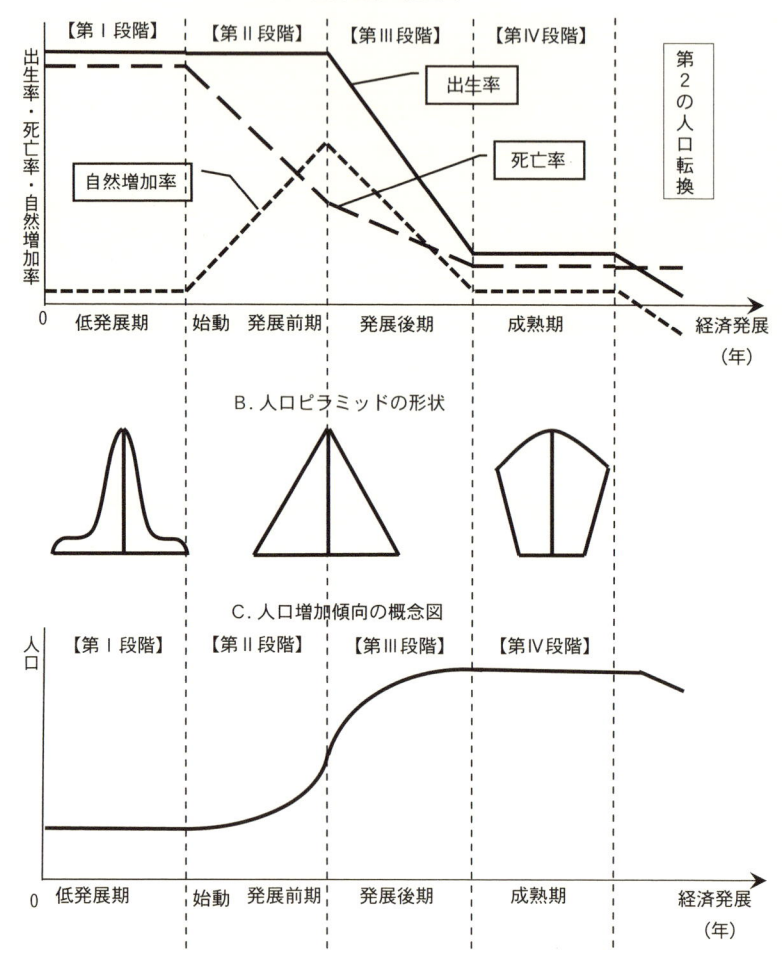

A. 人口転換理論の概念図

【第Ⅰ段階】【第Ⅱ段階】【第Ⅲ段階】【第Ⅳ段階】　第2の人口転換

出生率・死亡率・自然増加率

出生率
死亡率
自然増加率

0　低発展期　始動　発展前期　発展後期　成熟期　　経済発展（年）

B. 人口ピラミッドの形状

C. 人口増加傾向の概念図

【第Ⅰ段階】【第Ⅱ段階】【第Ⅲ段階】【第Ⅳ段階】

人口

0　低発展期　始動　発展前期　発展後期　成熟期　　経済発展（年）

出典：筆者作成。

ラミッドの形状）に影響を及ぼすことになる。人口転換の第Ⅰ段階（前近代化期）においては，多くの子供が生まれる（出生率は高い）反面，その多くが若年のうちに死んでしまう（若年層の死亡率が高い）ために，人口ピラ

ミッドは逆T字型をしている。しかし，第Ⅱ段階（発展の前期）になると，生活水準の向上や医療の発展等により若年層や青壮年層の死亡率が低下するために，人口ピラミッドは綺麗な三角形の形状に近づいてゆく。そして，第Ⅲ段階（発展の後期）に入ると，死亡率の低下によって人口ピラミッドの上部が膨らむ一方，出生率が死亡率を追いかけるかのように急速に低下することから，下部が縮小するために，第Ⅳ段階（成熟期）の人口ピラミッドは壺型の形状を呈するようになる（これが少子高齢化である）。

以上が，人口転換と人口状況の推移の概要である。

ここで留意すべきは，上記の人口転換理論では，人口転換の第Ⅳ段階になると出生率と死亡率は低水準で安定する（また，両率の差である人口の自然増加率も低水準で安定するので，人口規模もある一定水準で安定する），としている点である。これに対して，近年，「第2の人口転換」と呼ばれる新たな現象が，先進諸国で出現しはじめた。人口転換理論の想定とは異なり，この段階に達した先進諸国では，出生率が死亡率を下回ったために，自然増加率がマイナスに転じる（人口が減少しはじめる）事例が出てきたのである。

以上の説明から明らかなように，経済の発展にともなう人口転換および第2の人口転換によって，出生率と死亡率が高水準（多産多死；高出生高死亡率）から低水準（少産少死；低出生低死亡率）へと推移してきた。少子高齢化と人口減少は，その結果として生じたものである。この意味からするなら，成熟段階にある我が国などが直面している少子高齢化と人口減少は，経済の発展という成功の影の部分である，といえる。

では，日本の人口状況は，人口転換理論が示しているような経路に沿って変化してきたであろうか。この点を，日本の統計データを用いて確かめてみよう。次の図表3-2が示しているのは，1868年から2010年に至る期間の日本における人口動態（出生率・死亡率）の推移である。この図から，我が国の出生率と死亡率は，先に見た人口転換の図とほぼ同じ経路を描いて高水準から低水準へ，と推移していることが分かる。

図表 3-2 日本の人口転換

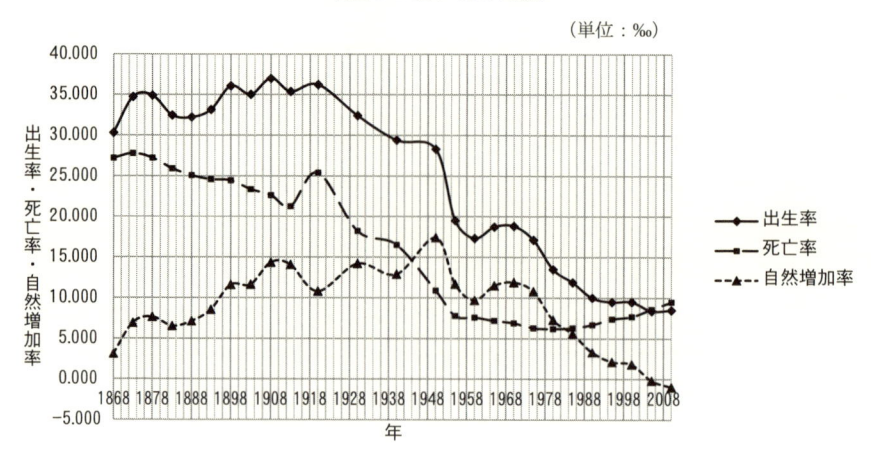

(単位：‰)

出典：国立社会保障人口問題研究所『人口統計資料集（2013年版）』(www.ipss.go.jp/ ，2013年11月1日)，岡崎陽一（1986）「明治大正期における日本人口とその動態」『人口問題研究』第178号より作成。

　その結果，出生率と死亡率の差である自然増加率（＝出生率－死亡率）も，先の図表 3-1 とほぼ同じ形状を描いて，山形に推移している。人口増加率のこうした推移によって，図表 3-3 が示しているように，1786 年から 2010 年の期間における日本の総人口の推移は，きれいなロジスティック曲線の形状を呈している。ここで特に留意すべき点は，この図表には示されていないが，2005 年以降，出生率が死亡率を下回ったことにより，自然増加率がマイナスに転じた結果（図表 3-2），2010 年以降，総人口が減少しはじめていることである。この統計的事実は，我が国においても第 2 の人口転換が生じていることを示している，といえよう。

　以上の統計的事実からするなら，我が国における人口の少子高齢化の要因も容易に理解できるであろう。

図表 3-3　日本の人口の推移

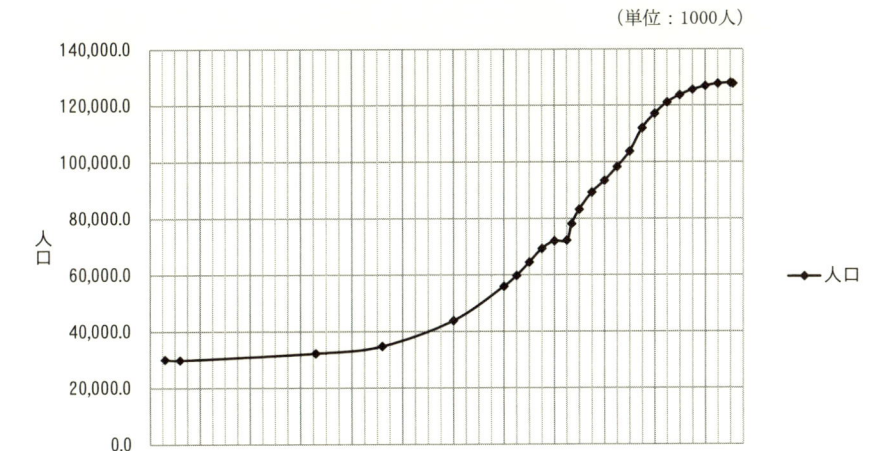

(単位：1000人)

出典：国立社会保障人口問題研究所『人口統計資料集（2013年版）』(www.ipss.go.jp/ ，2013年11月1日）より作成。

3. 定常状態か経済の縮小か（日本経済の将来像）

　本章のこれまでの部分では，経済の発展にともなって，多産多死（高出生高死亡率）から少産少死（低出生低死亡率）への推移（すなわち，人口転換）が生じ，少子高齢化が進展してきたことを，人口転換理論と日本の歴史的経験（統計データ）を用いて概観してきた。
　では，少子高齢化の進展は，経済にどのような影響をもたらすだろうか。次にこの点を，ハロッド＝ドーマー・モデルを援用して，理論的側面から検討する。なお，経済成長理論の古典ともいえるハロッド＝ドーマー・モデルをここで用いたのは，①小型のモデルではあるが，経済成長の様々な要因を巧く捉えている，②簡潔なモデルであるだけに，経済成長のプロセスを直感的に理解しやすい，③小型の簡潔なモデルであるために，操作性に優れている，といった利点を同モデルが有しているからである。

ハロッド＝ドーマー・モデルでは，経済成長を現実成長率 G・自然成長率 G_n・保証成長率 G_w という3つの成長率を用いて分析している[5]。しかしながら，本章においては，説明の便宜を図るために，現実成長率 G と自然成長率 G_n の2つを用いて議論を進める。

 同モデルによれば，現実成長率 G は貯蓄率 s を資本係数 v で除したもの（第1式），自然成長率 G_n は技術進歩率 λ と人口増加率 n の和（第2式），とされている[6]。

$$G = \frac{s}{v} \qquad (1)$$
$$G_n = \lambda + n \qquad (2)$$

 この2つの成長率の関係を，簡単な事例を用いて説明しよう（図表3-4を参照）。いま，現実成長率 G と自然成長率 G_n の値を一定と置いて，①国内総生産（GDP）Y が現実成長率 G に従って成長するときの経路を線分 Y_G によって表し，②国内総生産（GDP）Y が自然成長率 G_n に従って成長するときの経路を線分 Y_{Gn} によって表す。このとき，③自然成長率 G_n の値は図中のなだらかな線分 Y_{Gn} ①が示すように低水準であり，④現実成長率 G の当初の値は図中の線分 Y_G ①が示すように G_n より高い（すなわち，線分の勾配が急である），とする（なお，この図では，議論を理解しやすくする目的から，便宜上，自然成長経路 Y_{Gn} の初期値 Y_0 を，現実成長経路 Y_G の初期値 Y_0 よりも高くしてある）[7]。

 2つの成長率がこうした関係にあるとき，現実の経済成長を示す図表3-4中の経路 Y_G ①は，t_1 年の時点で自然成長経路 Y_{Gn} ①の水準に追いつく。このとき，現実の経済は，Y_G ②が示しているように，自然成長経路 Y_{Gn} ①を超えて成長はできない。なぜならば，ハロッド＝ドーマー・モデルでは，自然成長率 G_n（＝技術進歩率 λ ＋人口増加率 n）は，現実の経済成長の上限ないしは天井を意味しているからである（現実成長率 G は，自然成長率 G_n を長期にわたって超えることができない）。その結果として，図表3-4の t_1 年から t_2 年に至るまでの時期においては，現実の経済は現実成長経路 Y_G ③

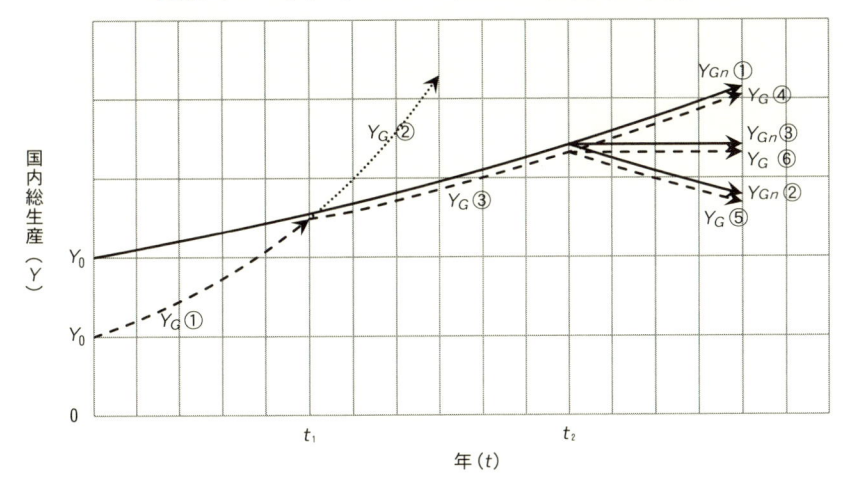

3. 定常状態か経済の縮小か（日本経済の将来像）　　53

図表 3-4　ハロッド＝ドーマー・モデルによる日本経済の将来像

出典：筆者作成。

が示しているように，自然成長経路 Y_{Gn} ①に沿って成長して行かざるを得ないことになる。

　いま，この経済の進路は，t_2 年の時点で3つに分かれる，とする。第1の進路は，現実成長経路 Y_G ④が示しているように，着実に成長する自然成長経路 Y_{Gn} ①に沿って成長する道である。こうした成長が可能になるのは，自然成長率 $G_n(=\lambda+n)$ が以前の水準を保っている（具体的には，技術進歩率 λ と人口増加率 n とが変化しない）ときである。

　しかしながら，この条件が満たされる保証はない。経済が成長してゆく過程では，当然，経済の構造や質に変化が生ずる。これを含めた概念が経済発展である。この経済発展が生ずると，多産多死（高出生高死亡率）から少産少死（低出生低死亡率）への推移，すなわち人口転換が生じ，人口の自然増加率が変化することは先に見た通りである。

　第2の進路は，そうした人口変動の結果として生ずる。t_2 年に達したときに，第2の人口転換（図表 3-1，図表 3-2 を参照されたい）が生じたために，人口増加率 n（＝自然増加率）[8]）がマイナスに転じたとする（こうした

人口増加率の低下は，技術開発に振り向けることのできる人的資源の減少を意味するため，技術進歩率 λ を低下させる，ともいわれている[9]）。このマイナスの人口増加率 n の影響が，技術進歩率 λ の値より大きくなると，経済の自然成長率 G_n の値はマイナスになる。

このことにより，経済の自然成長経路が図3-4中の Y_{Gn} ②のように下方に折れ曲がると，先に述べた理由から，現実の経済成長も Y_G ⑤のように下方に折れ曲がることになる。つまり，現実の成長もマイナスになり，国内総生産は減少することになるのである。この第2の進路は，経済規模に縮小が起こり得ることを示している，といえる。

第3の進路は，上記の人口転換の進展の影響によって，第2の経路ほどではないが，人口増加率 n と技術進歩率 λ が低下したことにより，自然成長率 G_n がゼロになる状況である。この場合，自然成長経路は図3-4の Y_{Gn} ③のように水平となるために，現実の経済の成長経路も Y_G ⑥のように水平になる。経済学では，人口増加率と経済成長がともにゼロになる状況を「定常状態」と称している（ただし，人口増加率はゼロであっても，人口を構成している人間は，出生と死亡により常に入れ替わっている。また，経済成長率はゼロであっても，生産，分配，消費といった経済活動は継続的に行われている，という点には留意されたい）。第3の進路はこの定常状態に相当する，といえる。

この第3の進路，すなわち定常状態に関しては，2つの見解が存在する。まず，第1は，定常状態とは成長も発展もない，すなわち何らの進展も見られない閉塞状態である。古典派以来の多くの経済学者はこの状況に陥ることを恐れ，その到来をできる限り回避しようと考えた。

第2は，J・S・ミル（Mill）が唱えた考え方であり，人口増加・経済成長といった数量的な意味における進展はないとしても，それは精神面や文化・芸術をはじめとする人間の内面・精神面の発展を否定するものではなく，決して恐れるべきものではない，とするものである。これが本章の冒頭で述べた楽観論の根底にある考え方である，といえよう。

以上の部分では，人口転換や経済の成長と発展を理論的に考察した上で，

人口転換および第2の人口転換の進展などに関する日本の人口状況を統計データを用いて概観してきた。これらを総合的に判断するなら、今後、少子高齢化のさらなる進展が予想される日本で、将来に起こり得る公算の高い経済状況は、理論的には、定常状態（図表3-4中のY_{Gn}③とY_G⑥に相当）か、経済の縮小（マイナスの経済成長、図表3-4中のY_{Gn}②とY_G⑤に相当）のいずかであろう。本章の以下の部分では、この点を簡易人口経済計量モデルを用いて、実証的に考察する。

4. 簡易人口経済計量モデルの活用

上記の問題を考察する際に、まず最初に必要なことは、
　①少子高齢化の進展によって、本当に日本の経済力は低下するのか、
　②日本の経済力が低下するにしても、その内容は定常状態（図表3-4中のY_{Gn}③とY_G⑥に相当）から、それより厳しい経済力の減退（図表3-4中のY_{Gn}②とY_G⑤に相当）まで幅広いが、具体的にはどのような状況に陥ることになるのか、
　③少子高齢化に起因するこの問題（経済力の低下）を克服するには、どのような方策が効果的か、
といった点に関してより具体的な情報を入手することである。しかしながら、上記の理論的考察にもとづく限り、それに関する詳細な情報を入手することは困難である。

　これらの事項に関する精緻な情報を入手する上で最も効果的な分析手法は、人口経済計量モデルを用いたシミュレーション分析を行うことであろう。この人口経済計量モデルとは、人口モデル[10]と計量経済モデル[11]とを連動させることにより、人口現象と経済現象との相互依存関係を分析しようとする計量モデルのことである。この人口経済計量モデルを用いてシミュレーション分析を行うことにより、これまで理論的に考察してきた①人口現象に生じたある変化が経済現象にどのような影響を及ぼすか、②経済現象に生じたある変化が人口現象にどのような影響を及ぼすか、そして、その結果とし

て，③今後の日本経済は全体としてどう変化してゆくか，などに関する具体的情報を得ることができる。

　人口経済計量モデルの一般的な構造を簡潔に説明するなら，およそ下記の図表3-5（人口経済計量モデルの概要）のようになる。まず，人口モデルによって，ある年の男女年齢別人口が推計される。この人口のなかの生産年齢人口（15～64歳人口）から，生産活動（経済活動）に携わる労働人口 L，すなわち労働者が出てくる。労働者は，生産設備をはじめとする資本ストック K を稼働させて生産活動を行う。その結果が，その年の国内総生産（GDP）Y である。この国内総生産 Y は，国民等によって消費 C されるが，一部は貯蓄 S として蓄えられる。この貯蓄 S に等しい額の投資 I が行われ，資本ストック K が増加すると，国内総生産が増加する（すなわち，経済の成長と発展が生ずる）。次に，国内総生産 Y と総人口 P によって，1人当たり生産額（$= Y/P$。すなわち，生活水準の指標）が決まると，これが出生

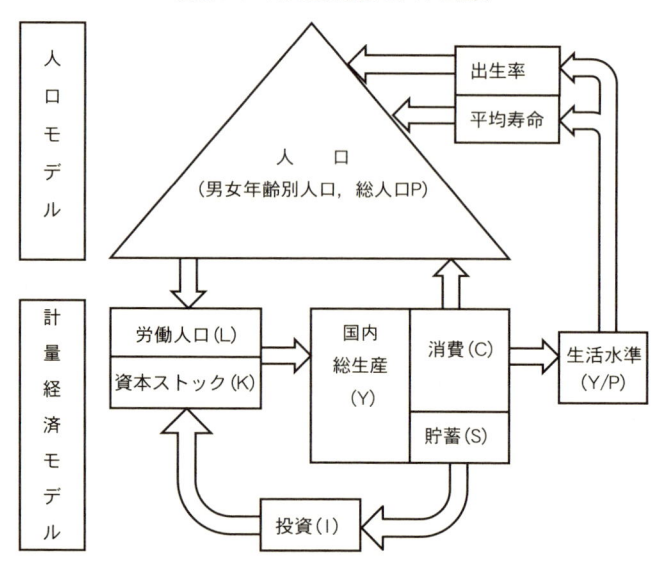

図表 3-5　人口経済計量モデルの概要

出典：筆者作成。

率と死亡率（平均寿命）に影響を及ぼして人口変動が生ずる。

こうした日本経済に関する人口経済計量モデルを構築し，航空機の開発に際して風洞実験を行うように，コンピュータ内の仮想空間において，この人口経済計量モデルを実際に動かして，日本経済の今後の動向に関するシミュレーション（模擬実験）を行うことにより，日本経済の将来像に関する具体的な情報が得られる。これが，人口経済計量モデルによるシミュレーション分析である。そこで，これ以降の部分では，日本の人口経済計量モデルを構築し，これを用いたシミュレーション分析を行うこととする。

しかしながら，人口経済計量モデルを実際に構築する段になると，1つの難関に直面する。それは，通常の人口経済計量モデルを構築しようとすると，一研究者の手にあまるほど膨大な人口および経済に関する統計データを処理しなければならないことである。これを回避する方策が，本章で用いた簡易人口経済計量モデルを構築することである[12]。

簡易人口経済計量モデルとは，5歳階級別の男女別人口，および総人口を5年間隔で推計する簡易人口モデル（コーホート・コンポーネント法の簡便法）と，経済状況を5年間隔で推計する簡易計量経済モデルを連動させた，通常の人口経済計量モデルの簡便版に他ならない。したがって，簡易人口経済計量モデルの基本的仕組は，先の図3-5において示した通常の人口経済モデルと同じである。この簡易人口経済計量モデルであるなら，通常の人口経済計量モデルほど膨大な統計データを扱うは必要ないことから，一研究者が個人的に作成することも十分に可能である[13]。そこで，本章のこれ以降の部分で行うシミュレーション分析には，この簡易人口経済計量モデルを用いることとした。

5. シミュレーション分析

本章で構築した簡易人口経済計量モデルは，簡易計量経済モデルの心臓部ともいうべき生産関数に，①ハロッド＝ドーマー生産関数を用いた簡易人口経済計量モデル（これ以降では，HD型モデルと称する）と，②コブ＝ダグ

ラス生産関数を用いた簡易人口経済計量モデル（これ以降では，CD 型モデルと称する），の2つのモデルである。

ここで簡易人口経済計量モデルを2つ構築した理由は，簡易人口経済計量モデルの信頼性を確認するためである。簡易人口経済計量モデルは，通常の人口経済計量モデルの簡便版である。しかしながら，その妥当性と信頼性が高ければ，ハロッド＝ドーマー生産関数を採用した簡易人口経済計量モデルの推計結果も，コブ＝ダグラス生産関数を採用した簡易人口経済計量モデルの推計結果も，基本的には同じものになるはずである。

なお，2つの簡易人口経済計量モデルの詳細に関しては，本章末の【付論】を参照されたい。

(1) 簡易人口経済計量モデルの信頼性

本研究における簡易人口経済計量モデルの構築に際しては，1980 年～2009 年の人口・経済データを用いた。そこで，HD 型モデルも，CD 型モデルも，

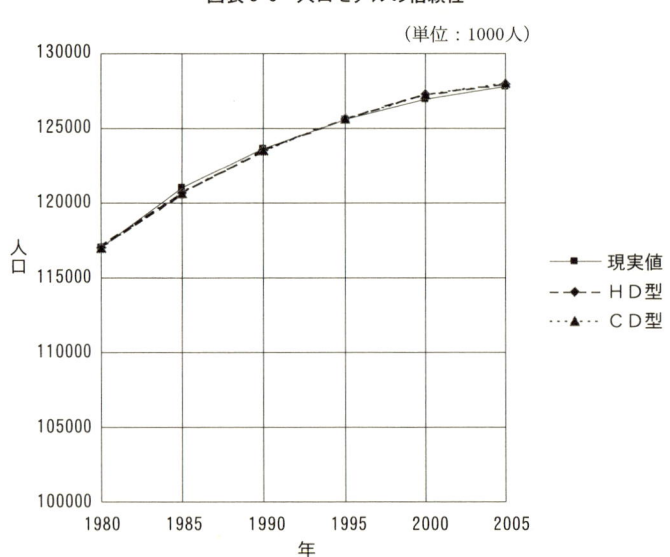

図表 3-6　人口モデルの信頼性

出典：筆者作成。

我が国の1980年〜2009年の期間に生じた人口変動と経済変動をコンピュータ内の仮想空間に再現できなければならない（簡易人口経済計量モデルは，5年毎の人口・経済状況を推計するため，現実値と推計値の実際の比較は1980〜2005年の期間となる）。

前記の図表3-6が示しているのは，この期間における総人口の現実値とその推計値の推移である。HD型およびCD型のいずれの簡易人口経済計量モデルも，1980年の1億1700万人から2005年の1億2780万人への人口の推移を巧く捉えており，その推移を示す線分は一本にしか見えない。ここから現実値と推計値の誤差は極めて小さいことが分かる。

次に見る図表3-7は，1980年から2005年に至る時期に関する，現実の国内総生産（GDP）の推移と，HD型簡易人口経済計量モデルとCD型簡易人口経済計量モデルのシミュレーションから得られた国内総生産の推計値の推移である。この図から分かるように，CD型モデルの推計結果と現実値の乖

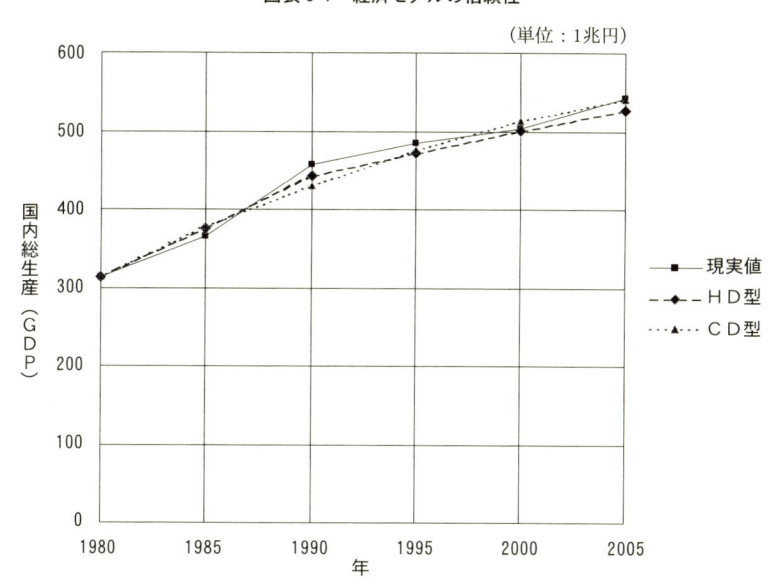

図表3-7　経済モデルの信頼性

（単位：1兆円）

出典：筆者作成。

離は，経済に大きな変化のあった 1990 年には若干大きくなっている．しかし，全般的に見れば，両モデルとも 1980 年の 314 兆円から 2005 年の 542 兆円に至る国内総生産の推移を巧く捉えており，現実値と推計値の誤差は極めて小さいことが分かる．

以上のシミュレーション分析の結果からするなら，HD 型および CD 型の 2 つの簡易人口経済計量モデルは，そのいずれもがコンピュータ内の仮想空間の中に日本経済とその動きを再現することに成功しており，1980 年から 2005 年に至る 25 年間にわたる，日本の人口変動と経済変動とを巧く捉えている，といって差し支えないであろう．

(2) シミュレーション分析

そこで，推計期間を 2060 年まで延長してシミュレーション分析を行うことにより，我が国の社会経済が将来どのような状況になるか，言い換えるなら，先に見たように，定常状態になるのか，あるいは縮小する方向に向かうのか，といった点を見ることにしよう．

次の図3-8 が示しているのは，1980 年から 2060 年に至るまでの，我が国の総人口の推移である．ここから分かるように，簡易人口経済計量モデルの場合，HD 型と CD 型のいずれの場合も，1980 年の 1 億 1700 万から増加し，2005 年には最高値の 1 億 2700 万人に達した後に，次第に減少し，2060 年にはおよそ 8200 万人台にまで減少する．両モデルの推計結果の差はごく僅かであるために，一本の線にしか見えないほどである．

2010 年を起点とする国立社会保障・人口問題研究所の推計（社人研推計）では，2010 年の 1 億 2800 万人を最大値として，2060 年の 8700 万人へと漸減してゆく．この推計結果は，8200 万人に減少する簡易人口経済計量モデルの推計結果とは若干異なる．しかし，社人研の推計は純然たる人口モデルによる推計であるのに対し，本研究における 2 つの推計は簡易人口モデルと簡易経済モデルとを連動させた簡易人口経済計量モデルによるものであって，直接の比較はできない．とはいえ，これらの推計結果は，現行の人口・経済状況に大きな変化がなければ，2060 年までには，我が国の人口が将来

8000万人台にまで減少することを示している。

また，図表 3-9 が示しているのは，HD 型簡易人口経済計量モデルにより

図表 3-8　人口のシミュレーション結果

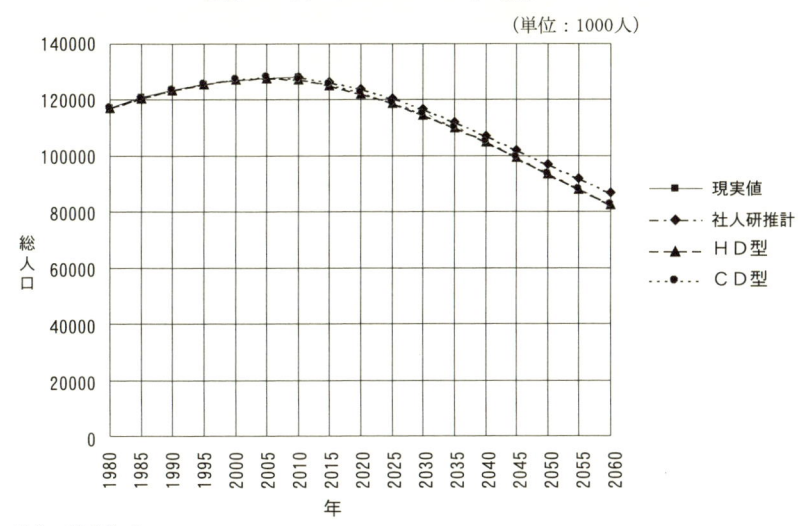

（単位：1000人）

出典：筆者作成。

図表 3-9　日本の総人口（2060 年）

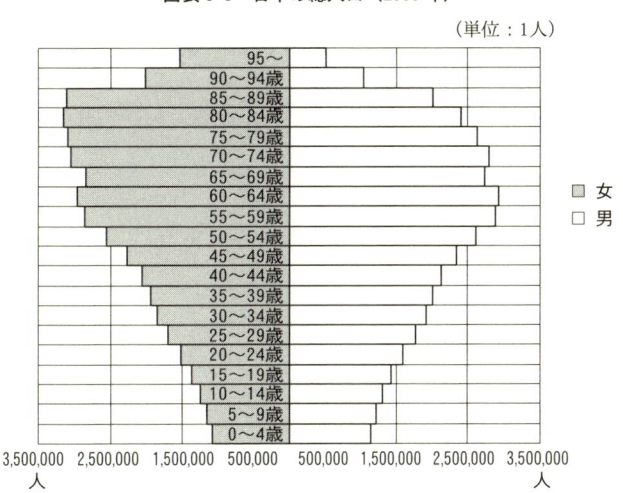

（単位：1人）

出典：筆者作成。

推計した，2060年の人口ピラミッドである（CD型簡易人口経済計量モデルの場合も，これと同じ形状を示す）。この図から，2060年には，少子高齢化がさらに進展していることが分かるであろう。

こうした人口変動は，経済にどのような影響を及ぼすであろうか。これを示しているのが次の図表3-10である。この図表から分かるように，簡易人口経済計量モデルのHD型とCD型とでは，推計結果にごく僅かの誤差はあるものの，両モデルの推計結果は極めて類似したものである。すなわち，長期的に見た場合，我が国の国内総生産（GDP）は1980年の314兆円から増加し，HD型モデルの場合は2035年の597兆円に，またCD型モデルの場合は2030年の610兆円に達した後に減少してゆくことになる。

これらの推計結果は，少子高齢化が進展している日本においては，1990年以降，経済は速度を落としながらも成長してゆくが，2030年から2035年頃にピークに達した後，少子高齢化がもたらす負の影響によって，マイナス成長に転ずることを示している。

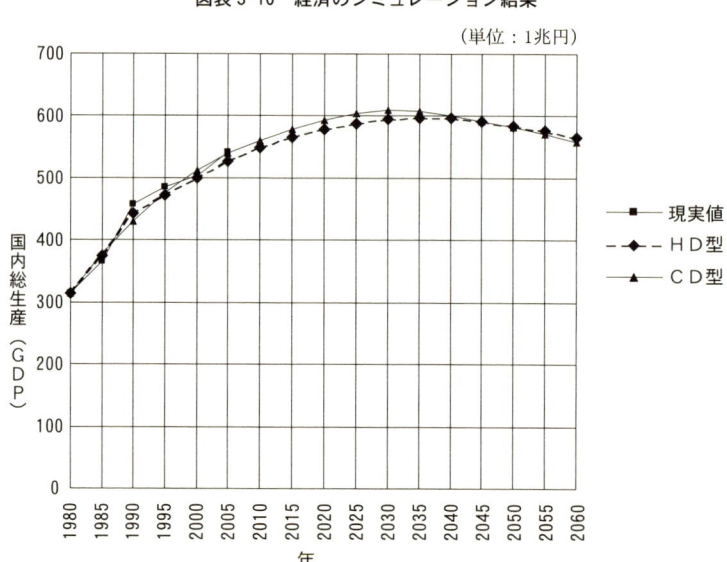

図表3-10　経済のシミュレーション結果

（単位：1兆円）

出典：筆者作成。

ここで想起すべきは，先の定常状態に関する定義である。先に見た人口増加率も経済成長率もゼロ（ただし，人口を構成している人間は，出生と死亡により常に入れ替わっている。また，生産，分配，消費といった経済活動は継続的に行われている）という定常状態は，図3-4の中のY_{Gn}③とY_G⑥によって示される人口・経済状況に相当する。しかしながら，上記のシミュレーション結果（図表3-10を参照）が示しているのは，図表3-4のY_{Gn}②とY_G⑤によって示される経済が縮小過程に入った状況，すなわち定常状態にも達しない悪状況なのである。

　経済規模のこうした縮小は，我が国経済の衰退を意味している，といえるであろう。経済発展にともなう人口転換は，少子高齢化を進展させ，人口（労働力）を減少させるために，中・長期的な観点からすれば，経済力・活力を損なう要因となる，と考えられる。

　これに対して，経済規模は縮小していても，1人当たり国内総生産（＝国内総生産÷人口。生活水準を表す指標）が低下していなければ問題ない，という考え方もある（こうした考え方は，定常状態を肯定的に見る楽観論にも通じる）。では，実際はどうであろうか。次の図表3-11が示しているのは，1人当たり国内総生産の推移であるが，この図から分かるように，HD型およびCD型のいずれの簡易人口経済計量モデルの推計結果も，1人当たり国内総生産が増加していることを示している。

　ここで重要なことは，こうした推計結果の解釈の仕方である。経済の成長を上回る速さで人口が減少すれば，1人当たり国内総生産が増加するのは当然であって，生活水準の向上とは言い難いであろう。むしろ，人口の減少により労働者の数が不足した結果，企業が賃金や福利厚生施設などの面で好条件を提示しても労働者が集まらないために，企業の生産活動に支障が生ずる，といった状況の方が妥当な解釈なのではないだろうか。

　上記の労働力不足による経済の縮小と，1986年～1991年のバブル経済期とでは，状況は大きく異なっている。しかし，バブル期には，好条件を提示したにも関わらず，労働者を確保できないことから企業が倒産する，いわゆる人手不足倒産が生じた。少子化と高齢化に起因する労働力の不足は経済に

図表 3-11　1人当たり GDP の推移

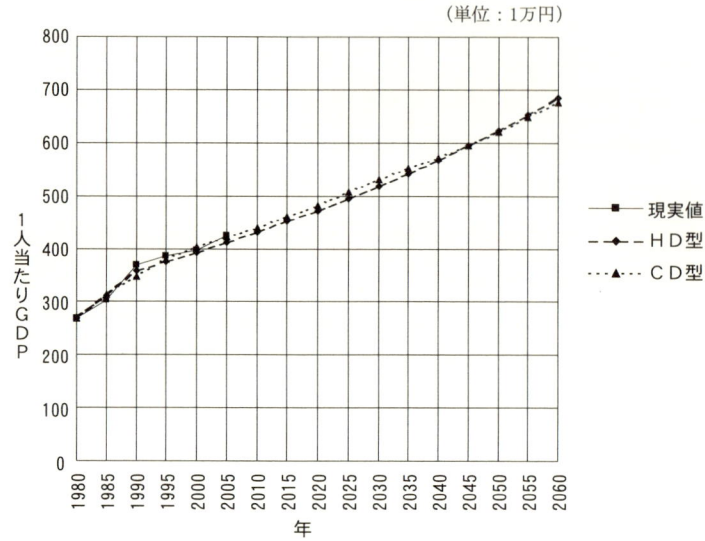

(単位：1万円)

凡例：現実値／HD型／CD型

出典：筆者作成。

負の影響を及ぼす，と考えてよいであろう。図表 3-9 の 2060 年の人口ピラミッドは，どう見ても"立ち枯れ"た形をしている。このような形状の人口ピラミッドは，社会的にも経済的にも健全とはいえないであろう。

6. まとめ

　本章においては，経済の発展に伴う平均寿命の延び（死亡率の低下）と出生率の低下によって進展する人口の高齢化と少子化が経済に及ぼす影響を，理論と実証の両面から人口経済学的に考察してきた。本章のこれまでの分析からするなら，これらの諸要因がもたらす人口減少は経済に負の影響を及ぼす，と結論付けて差し支えないであろう。

　さて，医療の発展や生活水準の向上などによる長寿の実現は，各個人にとっては好ましく，また喜ばしいことである。ところが，高齢者の数が増え，総人口に占める割合が高まる高齢化となると，老人を扶養する経済的負

担が増加するなどの副作用も生ずる。また，これが少子化と相俟って，人口減少が生ずると，経済に悪影響をもたらすことになる。このように，ミクロの観点では好ましいことでも，それが集積したマクロの状況下においては逆に悪い結果を招いてしまうことがある。こうした現象を，経済学では「合成の誤謬」と称している。「この合成の誤謬をいかに克服するか」が，今日の日本の挑戦すべき課題である，といえよう。この方途に関しては，機会を改めて論ずることとしたい。

【付論：簡易人口経済計量モデル】

付論においては，本研究で作成した簡易人口経済計量モデルを詳述する[14]。

1. 簡易人口経済計量モデル

簡易人口経済計量モデルとは，簡易人口モデルと簡易計量経済モデルとを連動させて，人口と経済の相互関係を分析する計量モデルのことである。簡易人口モデルとは，通常の人口モデル，すなわちコーホート・コンポーネント・メソッドの簡便版のことであり，5歳階級別のデータを用いて5年ごとの人口状況を推計する，小型の人口モデルのことである。簡易計量経済モデルとは，簡易人口モデルに歩調を合わせて，5年ごとの経済状況を推計することができるよう修正を施した小型の計量経済モデルのことである。

簡易人口経済計量モデルの利点は，使い勝手の良さにある。通常の人口経済計量モデルの構築には膨大な統計データの処理が必要になるが，簡易人口経済計量モデルはそれほどの統計データの処理を必要としない小型モデルである。とはいえ，この小型モデルからは，良好な分析結果を得ることができる。それゆえに，各研究者にとっては研究目的に応じた簡易人口経済計量モデルを構築し，分析に利用することが比較的容易にできることになる。

今回の研究においては，簡易人口経済計量モデルの分析結果の精度を確か

めるために，経済モデルの心臓部である生産関数にハロッド＝ドーマー生産関数を用いた簡易人口経済計量モデル（以下では，HD型モデルと称する）と，同じく経済モデルの心臓部である生産関数にコブ＝ダグラス生産関数を用いた簡易人口経済計量モデル（以下ではCD型モデルと称する）の2つのモデルを構築し，これを用いてシミュレーション分析を行った[15]。ただし，この2つの簡易人口計量経済モデルの簡易人口モデルは，以下で述べるコーホート・コンポーネント・メソッドの簡便版であり，同じものである。

2. 簡易人口モデル

簡易人口経済計量モデルを構成する簡易人口モデルは，下記の10本の式から成る，コーホート・コンポーネント法の簡便版である。なお，各式中の記号の意味は，次に示す通りである。

```
〈簡易人口モデルの記号の意味〉
P：人口，s：生残率，TB：総出生数，ASFR：年齢別出生率，
TFR：合計特殊出生率，L：生命表静止人口，e_0：出生時平均余命。
添え字の意味は，x：年齢，m：男性，f：女性，B：出生，t：時点
```

いま，t年に0～4歳の年齢層の男女別人口（$P_{0,t}^f$, $P_{0,t}^m$）と，その年齢層の男女別人口がそれぞれ5年間生存する率，すなわち生残率（$s_{0,t}^f$ と $s_{0,t}^m$）が分かっている，とする。このとき，この男女年齢別人口に生残率を乗ずることにより，$t+5$年の5～9歳の年齢層の人口を男女別に求めることができる。この作業を，t年の0～4歳以上の各年齢層の男女別人口に施すことにより，$t+5$年における5～9歳以上の年齢層の人口を男女別に推計できる。

$$P_{x+5,t+5}^f = P_{x,t}^f \cdot s_{x,t}^f \qquad (D\text{-}1)$$
$$P_{x+5,t+5}^m = P_{x,t}^m \cdot s_{x,t}^m \qquad (D\text{-}2)$$

付論 簡易人口経済計量モデル 67

こうして求まった男女年齢別人口のうちの，妊孕可能年齢（15歳〜49歳）に属する年齢別女子人口のt年と$t+5$年の平均値 $\left(\dfrac{P_{x,t}^f+P_{x,t+5}^f}{2}\right)$ に年齢別出生率 $ASFR_{x,t}$ を乗じ，その和を求めることによって，t年から$t+5$年に至る総出生数 TB_t を推計できる。

$$TB_t = \Sigma_{x=15}^{49} ASFR_{x,t} \cdot \left(\dfrac{P_{x,t}^f+P_{x,t+5}^f}{2}\right) \qquad \text{(D-3)}$$

この総出生数 TB_t に，出生性比（出生時の男女比は，女100に対して男105）から求めた男女の配分係数（女100/205，男105/205），および出生児の生残率（出生児が0〜4歳まで生存する率；$s_{B,t}^f$，$s_{B,t}^m$）を乗ずることにより，$t+5$年の0−4歳の男女別人口を推計できる。

$$P_{0,t+5}^f = \left(TB_t \cdot \dfrac{100}{205}\right) \cdot s_{B,t}^f \qquad \text{(D-4)}$$

$$P_{0,t+5}^m = \left(TB_t \cdot \dfrac{105}{205}\right) \cdot s_{B,t}^m \qquad \text{(D-5)}$$

なお，5年ごとの年齢別出生率 $ASFR_{x,t}$ の値は，簡易計量経済モデルで決まる合計特殊出生率 TFR_t（例えば，E-1-11式を参照）の5年ごとの推計値とその初期値 TFR_0 との比を用いて算定される。

$$ASFR_{x,t} = ASFR_{x,0} \cdot \left(\dfrac{TFR_t}{TFR_0}\right) \qquad \text{(D-6)}$$

5年間の生残率の値は，簡易計量経済モデルで決まる出生時平均余命（E-1-9式，E-1-10式等を参照）の推計値をもとに算定した生命表静止人口から，下記の2つの式によって求める。

$$s_{x,t}^f = \dfrac{L_{x+5,t}^f}{L_{x,t}^f} \qquad \text{(D-7)}$$

$$s_{x,t}^m = \dfrac{L_{x+5,t}^m}{L_{x,t}^m} \qquad \text{(D-8)}$$

ただし，出生児の生残率は，次式から求める[16]。

68　第3章　少子高齢化の経済的帰結

$$s_{B,t}^f = \frac{L_{0,t}^f}{500{,}000} \qquad (\text{D–9})$$

$$s_{B,t}^m = \frac{L_{0,t}^m}{500{,}000} \qquad (\text{D–10})$$

3. 簡易計量経済モデル

既述のように，本研究で作成した2つの簡易計量経済モデルは，①ハロッド＝ドーマー生産関数を用いたモデル（HD型モデル）と，②コブ＝ダグラス生産関数を用いたモデル（CD型モデル）の2つであり，いずれも供給志向型の逐次モデルである。2種類のモデルを作成したのは，簡易計量経済モデルの信頼性を確認するためである。

なお，モデルを構成する各関数の算定に際しては，基本的に，通常の重回帰分析を用いたが，算定結果の信頼性に応じて一般化最小二乗法を用いた。

また，各式中の記号の意味は，次に示す通りである。

〈簡易計量経済モデルの記号の意味〉
Y：国内総生産，I：投資，v：資本係数，G_n：自然成長率，C：消費，
OP：老年人口，YP：年少人口，G：政府支出，
g：政府支出のYに占める割合，MX：貿易差額，S：貯蓄，
TP：総人口，K：資本ストック，dp：原価償却率，γ：補正係数，
L：労働人口，r：有業率。添え字の意味は，x：年齢，＋：x歳以上，
t：時間（年）。
括弧 ( ) 内の数値：t値，R^2：決定係数，DW：ダービン・ワトソン比

---

(1) HD型モデル

この簡易計量経済モデルでは，ハロッド＝ドーマー生産関数（E-1-1）が

国内総生産を決定するという経済モデルの心臓部としての役割を担っている。

$$Y_t = Y_{t-5} + \frac{I_{t-5}}{v_{t-5}} \qquad \text{(E-1-1)}$$

E-1-2 式は，自然成長率を求める式である。シミュレーションの実施に際して，技術進歩率 λ の値は，現実のデータから算定した年平均技術進歩率を採用した。なお，人口増加率 n の値は，人口モデルから得られる総人口の推計値の年平均増加率を採用した。

$$G_{n_{t-5}} = \lambda_{t-5} + n_{t-5} \qquad \text{(E-1-2)}$$

これに基づいて E-1-3 式によって，自然成長率に従って経済が成長した場合の国内総生産が推計される。

$$Y_{Gn_t} = Y_{t-5}(1 + G_{n_{t-5}})^5 \qquad \text{(E-1-3)}$$

そして，E-1-4 式は，先に見たように，現実の経済は，経済成長の上限（天井）を示す自然成長率を超えて成長することはできない，という制約条件を示すものである。

$$Y_t = \begin{cases} Y_{Gn_t} & \text{for } Y_t > Y_{Gn_t} \\ Y_t & \text{for } Y_t \leq Y_{Gn_t} \end{cases} \qquad \text{(E-1-4)}$$

こうして決定された国内総生産から，民間消費支出（E-1-5），政府支出（E-1-6），貿易差額 MX を差し引いたものが貯蓄となり（E-1-7），これが投資に活用され（E-1-8），次期の生産に影響を及ぼすことになる。なお，今回の消費関数では，ライフサイクル仮説の考え方を考慮に入れて，年少人口に対する老人人口の比率を，説明変数として用いた。

$$C_t = 26.164 + 0.466 \cdot Y_t + 0.205 \left(\frac{OP_t}{YP_t} \cdot 100 \right) \qquad \text{(E-1-5)}$$
$$\quad (3.564)\ (19.539) \qquad (4.699)$$
$$R^2 = 0.994 \qquad DW = 1.033$$

$$G_t = g \cdot Y_t \qquad \text{(E-1-6)}$$

$$S_t = Y_t - C_t - G_t - MX_t \qquad \text{(E-1-7)}$$
$$I_t = S_t \qquad \text{(E-1-8)}$$

さて,上記のプロセスから経済変数に関する推計値が求まると,今度は,これが人口要因に影響を及ぼすことになる。また,人口経済学の基本的理論からするなら,経済が発展するにともなって,まず死亡率が低下(平均寿命は延長)し,次いで出生率も低下する,とされている[17]。そこで,ここでは,平均寿命と出生率とを,経済発展の指標でもある1人当たり国内総生産の関数として定式化した(E-1-9, E-1-10, E-1-11)。

$$ln\left(\frac{84.190 - e_{0,t}^m}{e_{0,t}^m}\right) = -0.6540 - 0.0046\left(\frac{Y_t}{TP_t}\right) \quad \text{(E-1-9)}$$
$$(-5.2133)(-13.6363)$$
$$R^2 = 0.869 \qquad DW = 0.274$$

$$ln\left(\frac{90.943 - e_{0,t}^f}{e_{0,t}^f}\right) = -0.2985 - 0.0057\left(\frac{Y_t}{TP_t}\right) \quad \text{(E-1-10)}$$
$$(-1.9606)(-13.844)$$
$$R^2 = 0.873 \qquad DW = 0.264$$

$$ln(TFR_t - 1.25) = 3.564 - 0.014\left(\frac{Y_t}{TP_t}\right) \qquad \text{(E-1-11)}$$
$$(-4.680)(-7.028)$$
$$R^2 = 0.638 \quad DW = 0.741$$

(2) CD型モデル

次の簡易計量経済モデルでは,先にも述べたように,コブ=ダグラス生産関数(E-2-1)を用いている。このCD型簡易経済モデルでは,資本ストックと労働人口によって国内総生産が決定される,とするコブ=ダグラス生産関数が重要な役割を果たしている。このことにより,人口が有する労働供給能力の経済活動への影響を,先のHD型モデルより詳細に分析することが可能になっている。

$$ln\left(\frac{Y_t}{L_t}\right) = -0.371 + 0.352 \cdot ln\left(\frac{K_{t-5}}{L_t}\right) \qquad (\text{E-2-1})$$
$$(-15.086)\ (6.172)$$
$$R^2 = 0.913 \qquad DW = 0.957$$

下記のE-2-2式からE-2-5式までの式は，HD型モデルのE-1-5式からE-1-8までの式と全く同じであって，その意味する内容に違いはない。

$$C_t = 26.164 + 0.466 \cdot Y_t + 0.205\left(\frac{OP_t}{YP_t} \cdot 100\right) \qquad (\text{E-2-2})$$
$$(3.564)\ (19.539) \qquad (4.699)$$
$$R^2 = 0.994 \qquad DW = 1.033$$
$$G_t = g \cdot Y_t \qquad (\text{E-2-3})$$
$$S_t = Y_t - C_t - G_t - MX_t \qquad (\text{E-2-4})$$
$$I_t = S_t \qquad (\text{E-2-5})$$

本モデルの中で注意を要するのは，固定資本ストックを推計するE-2-6式（次ページを参照）である。生産設備等を意味する固定資本ストックは，使用している期間中に摩耗・陳腐化するものであって，次式が示すようにこの減耗分を原価償却率 dp を用いることによって控除する必要がある。

$$K_t = K_{t-1} \cdot (1-dp) + I_t$$

つまり，前期末から受け継いだ資本ストックの価値は，今期の使用中に摩耗や陳腐化によって減耗してゆくことになるが，これを今期の投資によって埋め合わせることで，今期末の固定資本ストックの額が求まる，と定式化する必要がある。

通常の計量経済モデルでは，固定資本ストックの推計に関しては，このような定式化が行われている。しかしながら，簡易人口経済計量モデルを用いる本研究において構築を試みているのは，簡易人口経済計量モデルの一翼を成す，5年間隔で経済状況を推計する簡易計量経済モデルである。この5年間という時間の制約があるがゆえに，こうした定式化を行うことができない。

そこで，固定資本ストックと投資の統計データを分析した結果，両者の間に下記の E-2-6 式が示すような安定した関係があることが分かった。そこで，本研究では，固定資本ストックの推計に，この式を採用した。ちなみに，補正係数 γ の値は 1.05 である。

$$K_t = \gamma \cdot (K_{t-5} + I_t) \qquad (\text{E-2-6})$$

労働人口の数は次式から求めた。

$$L_t = \Sigma_{x=15}^{70+} r_{x,t}^f \cdot P_{x,t}^f + \Sigma_{x=15}^{70+} r_{x,t}^m \cdot P_{x,t}^m \qquad (\text{E-2-7})$$

平均寿命および出生率に関する下記の式は，HD 型モデルと同じである。

$$ln\left(\frac{84.190 - e_{0,t}^m}{e_{0,t}^m}\right) = -0.6540 - 0.0046\left(\frac{Y_t}{TP_t}\right) \quad (\text{E-2-8})$$
$$(-5.2133)\ (-13.6363)$$
$$R^2 = 0.869 \qquad DW = 0.274$$

$$ln\left(\frac{90.943 - e_{0,t}^f}{e_{0,t}^f}\right) = -0.2985 - 0.0057\left(\frac{Y_t}{TP_t}\right) \quad (\text{E-2-9})$$
$$(-1.9606)\ (-13.844)$$
$$R^2 = 0.873 \qquad DW = 0.264$$

$$ln(TFR_t - 1.25) = 3.564 - 0.014\left(\frac{Y_t}{TP_t}\right) \qquad (\text{E-2-10})$$
$$(-4.680)\ (-7.028)$$
$$R^2 = 0.638 \quad DW = 0.741$$

注
1) 楽観論の典型例としては，下記の文献を挙げることができる。
    松谷明彦・藤正巖（2002）『人口現象社会の設計』中央公論社。
    広井良典（2001）『定常型社会』岩波書店。
2) 悲観論の典型例としては，下記の文献を挙げることができる。
    川本敏編（2001）『論争・少子化日本』中央公論社。
3) 人口転換理論の概要に関しては，下記の文献を参照されたい。
    大塚友美（2011）『Excel で学ぶ人口経済学』創成社。
    大塚友美（2007）『経済・生命・倫理（ヒトと人の間で）』文眞堂。
4) 経済発展の進展と人口転換の進展との間の因果関係を示唆するものに，「ヘーゲンの経済発展モデル」がある。その詳細に関しては，上記脚注 3 ）を参照されたい。

5) ハロッド・ドーマー・モデルに関しては，下記の文献を参照されたい。
　　秋山裕（1999）『経済発展論入門』東洋経済新報社．
　　大塚友美（2005）『実験で学ぶ経済学』創成社．
6) 現実成長率 G と自然成長率 G_n の導出方法に関しては，上記脚注5）の大塚（2005）を参照されたい．
7) 自然成長経路 Y_{Gn}，現実成長経路 Y_G は，次の2式によって容易に計算できる．
$$Y_{Gn_t} = Y_0(1+Gn)^t$$
$$Y_{G_t} = Y_0'(1+G)^t$$
式中の記号の意味は，初期値；Y_0（ただし，説明の便宜を図るため，自然成長経路 Y_{Gn} を計算するための初期値 Y_0 を，現実成長経路 Y_G を求めるための初期値 Y_0' よりも高くしてある），G_n；自然成長率，G；現実成長率，t；年である．
8) 人口増加率は，下記によって計算される．
　　人口増加率＝(出生率－死亡率)＋(流入率－流出率)＝自然増加率－社会増加率
本研究は国単位の人口変動を扱っている．この場合，社会増加率（＝流入率－流出率）が一国の総人口に及ぼす影響は，普通，微小であることから捨象できる．それゆえ，自然増加率は人口増加率と同じことになる．
9) この点に関しては，下記の文献を参照されたい．
　　平田渉（2011）「人口成長と経済成長：経済成長理論からのレッスン」日本銀行ワーキングペーパーシリーズ（No.11-J-5）．
10) 人口モデルに関しては，下記の文献を参照されたい．
　　Shryock, Henry S. and Siegel, Jacob (1976), *The Methods and Materials of Demography*, Academic Press.
11) ここにいう計量経済モデルとは，人口要因との関係を考慮に入れた計量経済モデルのことである．
12) 簡易人口経済計量モデルの詳細に関しては，下記の文献を参照されたい．
　　大塚友美（2011）『Excel で学ぶ人口経済学』創成社．
13) 通常の人口経済計量モデルと簡易人口経済計量モデルの違いの詳細に関しては，脚注12）の参考文献を参照されたい．
14) 簡易人口経済計量モデルを作成するに際しては，男女年齢別人口（国勢調査），出生率および死亡率（人口動態），平均寿命（生命表），有業人口（就業構造基本調査），国内総生産GDP等（国民経済計算）といったデータが必要になる．これらの統計データは，下記のホームページより入手可能である．
　　内閣府　　　　：http://www.cao.go.jp/
　　厚生労働省　　：http://www.mhlw.go.jp/
　　総務省統計局：http://www.stat.go.jp/
　　国立社会保障・人口問題研究所：http://www.ipss.go.jp/
15) 本文中の推計結果からも分かるように，両モデルの信頼性は高い．
16) この式を用いる理由に関しては，脚注3)内の大塚友美（2011）を参照されたい．
17) 人口転換理論（上記脚注3））を参照されたい．

第4章

高齢者の社会保障と介護保険制度

1. 人口高齢化と社会保障

　日本では，人口構造の変化による人口の高齢化が進展している。その背景には，戦後の生活環境，食生活と栄養状態の改善，医療の普及と進歩などにより死亡率は大幅に低下し，その結果平均寿命が延伸したことがある。

　「高齢化」とは，総人口に占める老年人口（65歳以上）の相対的増加のことである。その割合を示すものとして「高齢化率」がある。日本の高齢化率は，1970年に高齢化社会と呼ばれる水準である7％を超え，1994年には14％となり高齢社会と呼ばれている。一方，「少子化」とは，出生率の低下による年少人口（0－14歳）の減少のことである。

　したがって少子高齢化は，高齢者人口の増加（高齢化）に加えて，幼少年人口の減少（少子化）が同時進行する社会の状態をさしている。さらに，総人口は2005年に減少に転じ，その後が減少傾向にある。これらの人口統計から人口高齢化の状況，さらに，高齢者の社会保障についてみて行こう。

(1) 人口高齢化（長寿社会到来）
(i) 高齢者人口

　内閣府『平成25年度高齢社会白書』によると，日本の総人口（2012年）は1億2752万人であり，65歳以上の高齢者数は3079万人で高齢化率は24.1％となる。年少人口は13.0％，生産年齢人口（15－64歳）は62.9％であり，今後さらに減少傾向を見せると予測されている。

　一方，高齢人口は増加傾向にあり，65歳以上の高齢者数は3079万人で高齢化率は24.1％となる。1950年には4.9％であった高齢化率が1970年には7

%を超え，その倍化水準である14％に到達したのはわずか24年後の1994年，さらに2012年には24.1％に達しており，約4人に1人が65歳以上の高齢者である。このような高齢化はさらに進み，50年後の2060年には2.5人に1人が65歳以上の高齢者であると予測されている。

また，高齢者人口のうち，2012（平成24）年は，65～74歳人口が大幅に増加した。1947（昭和22）～1949（24）年に生まれたいわゆる「団塊の世代」[1]が65歳になり始めたためとされる。さらに，「団塊の世代」が75歳以上となる2025年には3657万人に達すると見込まれている。これが，2025年問題として社会保障や介護政策で注目を集めている所以である。

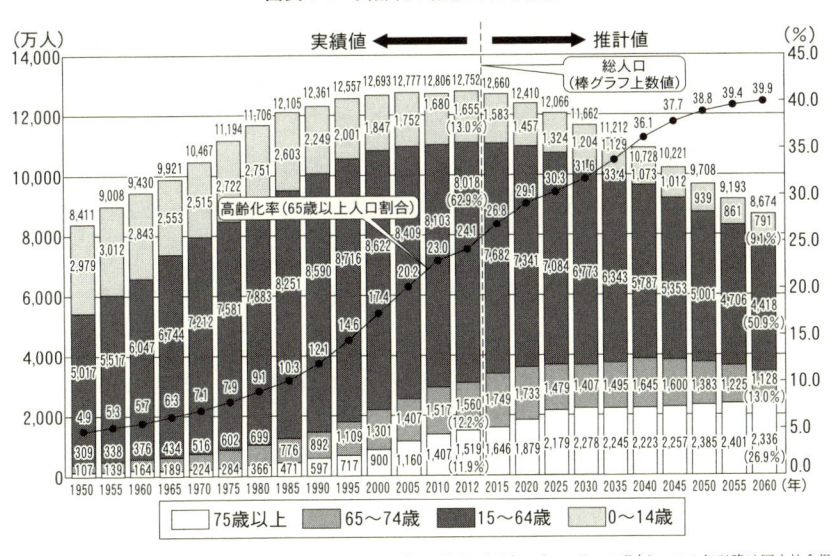

図表4-1 高齢化の推移と将来推計

資料：2010年までは総務省「国勢調査」，2012年は総務省「人口推計」（平成24年10月1日現在），2015年以降は国立社会保障・人口問題研究所「日本の将来推計人口（平成24年1月推計）」の出生中位・死亡中位過程による推計結果。
注：1950年～2010年の総数は年齢不詳を含む。高齢化率の算出には分母から年齢不詳を除いている。

出典：内閣府『平成25年度高齢社会白書』5頁。

(ii) 平均寿命

平均寿命[2]でみると，1950年の女性の61.5年，男性は58.0年であったの

に対し，2011年の女性の平均寿命は85.9年，男性は79.4年へ伸び，約60年の間に女性は約24年，男性は約21年平均寿命が伸びている。

このように，人口の高齢化は長寿をめざしてきた社会保障の成果であり，世界でも類をみない長寿社会である。しかし，後期高齢者（75歳以上）が増加する高齢社会では新たな社会保障のあり方が求められている。

(iii) 高齢者世帯の状況

また，高齢者の世帯状況（2011年）をみると，65歳以上の高齢者がいる世帯数は1942万世帯であり全世帯の約42%を占めて，年々増加している。つまり，4割以上が高齢者世帯となっている。高齢者の家族との同居状況を世帯構成でみると，2011年に「夫婦のみの世帯」30%，「単独世帯」約24%と両方で半数以上を占め，「親と未婚の子のみの世帯」約19%，「三世代世帯」約15%となる。1980年には「三世代世帯」の方が高齢者世帯の半数を占めていたが，その後減少を続けており，一方，「夫婦と未婚の子のみの世帯」や「夫婦のみ世帯」，「単独世帯」は増加し続けている。したがって，高齢者のいる世帯の半数以上が高齢者夫婦世帯や単独世帯であり，その数は年々増加している。それは，介護が必要となった時に高齢者である妻又は夫が介護を行う「老老介護」状態，または，介護してくれる人と同居していない状態になる可能性がある高齢者が増加することであり，社会保障制度としての介護施策の重要性が増加することを意味する。また，高齢者の扶養や介護を家族に頼っている日本では，高齢者と社会保障を考える際に高齢者の居住形態も考慮することが重要である。

(2) 高齢者と社会保障

(i) 社会保障の目的

日本国憲法第25条には「1 すべて国民は，健康で文化的な最低限度の生活を営む権利を有する。2 国は，すべての生活部面について，社会福祉，社会保障及び公衆衛生の向上及び増進に努めなければならない」と規定している。さらに，1950年社会保障制度審議会の「社会保障制度に関する勧告」では，「社会保障制度とは，疾病，負傷，分娩，廃疾，死亡，老齢，失業，

多子その他困窮の原因に対し，保険的な方法又は直接公の負担において経済保障の途を講じ，生活困窮に陥った者に対しては，国家扶助によって最低限度の生活を保障するとともに，公衆衛生及び社会福祉の向上を図り，もってすべての国民が文化的社会の成員たるに値する生活を営むことができるようにすることをいう」としている。

近年では，社会保障は，1993年社会保障制度審議会の社会保障の概念等の見直しについてまとめた「社会保障将来像委員会の第1次報告」による「国民の生活の安定が損なわれた場合に，国民にすこやかで安心できる生活を保障することを目的として，公的責任で生活を支える給付を行うもの」とされている。具体的には，傷病や失業，労働災害，退職などで生活が不安定になった時に，健康保険や年金，社会福祉制度など法律に基づく公的な仕組みを活用して，健やかで安心な生活を保障することである。

(ii) 社会保障制度の体系

図表4-2　日本の社会保障制度の体系

		所得保障	医療保障	社会福祉	法制度の例
社会保険	年　金　保　険	老齢基礎年金 老齢厚生年金 遺族年金 障害年金等			国民年金法 厚生年金保険法 各種共済組合法
	医　療　保　険	傷病手当金 出産育児一時金 葬祭費等	療養の給付 訪問看護療養費 高額療養費等		国民健康保険法 健康保険法 各種共済組合法 高齢者医療確保法 船員保険法
	介　護　保　険		施設サービス 居宅サービス 福祉用具購入 住宅改修費		介護保険法
	雇　用　保　険	失業等給付 雇用安定事業 能力開発事業等	療養補償給付		雇用保険法
	労働者災害補償保険	休業補償給付 障害補償給付 遺族補償給付 介護補償給付等	療養保障給付		労働者災害補償保険法

		所得保障	医療保障	社会福祉	法制度の例
社会扶助	公的扶助	生活扶助 教育扶助 住宅扶助等	医療扶助	介護扶助	生活保護法
	社会手当	児童手当			児童手当法
		児童扶養手当			児童扶養手当法
	社会サービス 児童福祉			保育所サービス 児童健全育成 児童養護施設法	児童福祉法
	障害(児)者福祉		自立支援医療 (旧)育成医療 (旧)更生医療	在宅サービス 施設サービス 社会参加事業等	障害者自立支援法 身体障害者福祉法 知的障害者福祉法 児童福祉法
	老人福祉			老人福祉施設 生きがい，生活 支援施策等	老人福祉法
	母子寡婦福祉	母子(寡婦)福祉 資金貸与		自立支援 生活指導等	母子及び寡婦福祉法

原典注：主要な社会保障制度を整理したもので，個々の給付や事業または法制度は例示であり，本表に記載できないものが数多くあることに注意。高齢者医療確保法は，「高齢者の医療の確保に関する法律」の略。

注：障害者自立支援法は，障害者総合支援法（「障害者の日常生活及び社会生活を総合的に支援するための法律」の略）に 2012 年改称された。（筆者追記）

出典：広井良典・山崎泰彦編著『社会保障』ミネルヴァ書房，2009 年，41 頁。

　社会保障の体系としては，社会保険と社会扶助がある。社会保険は，保険料を払い，各種のリスクに対して保障するという保険方式であり，医療保険，年金保険，労災保険，雇用保険，介護保険の5つがある。社会扶助は，生活に困窮している人に対して生活を保障する公的扶助，社会手当，社会福祉などがある。これら以外にも，国民が健康に生活できるように，疾病や生活習慣病の予防や早期発見を目指す保健衛生（公衆衛生），感染症対策，食品衛生，上下水道などの環境整備がある。

　(ⅲ)　高齢社会での社会保障の費用（給付費）

　高齢化の進展とともに，社会保障費のなかでも高齢者関係給付費[3]の占める割合が上昇している。このような日本の社会保障制度の費用について社会保障給付費の推移でみてみよう。日本の社会保障給付費[4]の規模は 2012 年度（予算ベース）で 109.5 兆円である。1970 年度 3.5 兆円であったのに対して 1973 年（福祉元年）の給付改善や第1次石油危機によるインフレーショ

ンに対応した年金の物価スライド[5]による給付水準の大幅引き上げ等により，社会保障給付費が大幅に増加し，その後も高齢化の進展や社会保障制度の整備等により増加し続けている。さらに社会保障費の内訳をみると，2012年度の109.5兆円のうち，「年金[6]」が53.8兆円で約49%，「医療[7]」が35.1兆円で約32%，「福祉その他[8]」が20.6兆円で約19%を占めており，1970年のそれぞれ0.9兆円，2.1兆円，0.6兆円より大幅に増加している。また，1970年には医療給付費が過半数を超えていたが，年金制度の整備等により1980年にはほぼ同じになり，1981年には年金給付が医療給付を上回っており，大幅に増加している。「福祉その他」に関しては，1970年から給付費では上昇しており，2000年から介護保険制度開始による介護給付も影響を与

図表 4-3　社会保障給付費の推移

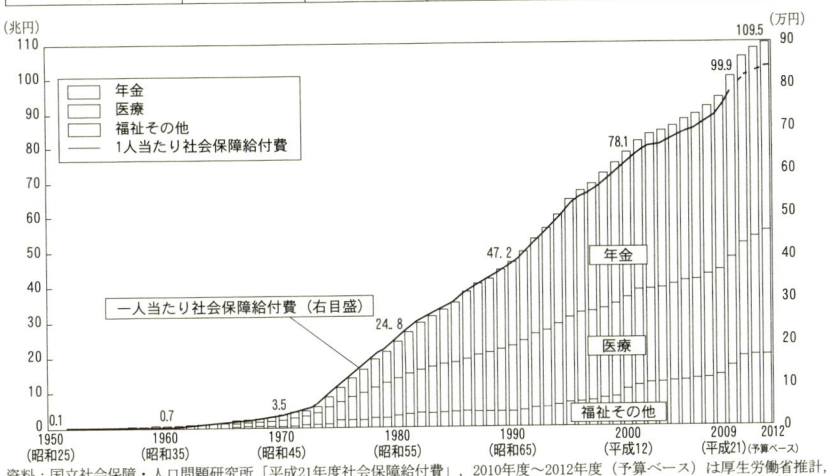

	1970	1980	1990	2000	2012（予算ベース）
国民所得額（兆円）A	61.0	203.9	346.9	371.8	349.4
給付費総額（兆円）B	3.5 (100.0%)	24.8 (100.0%)	47.2 (100.0%)	78.1 (100.0%)	109.5 (100.0%)
（内訳）年金	0.9 (24.3%)	10.5 (42.2%)	24.0 (50.9%)	41.2 (52.7%)	53.8 (49.1%)
医療	2.1 (58.9%)	10.7 (43.3%)	18.4 (38.9%)	26.0 (33.3%)	35.1 (32.1%)
福祉その他	0.6 (16.8%)	3.6 (14.5%)	4.8 (10.2%)	10.9 (14.0%)	20.6 (18.8%)
B/A	5.77%	12.15%	13.61%	21.01%	31.34%

資料：国立社会保障・人口問題研究所「平成21年度社会保障給付費」，2010年度〜2012年度（予算ベース）は厚生労働省推計，2010年度の国民所ろくがくは「平成24年度の経済見通しと経済財政運営の基本的態度（平成24年1月24日閣議決定）」
(注)　図中の数値は，1950, 1960, 1970, 1980, 1990, 2000及び2009並びに2012エンド（予算ベース）の社会保障給付費（兆円）である。

出典：厚生労働省『平成25年度厚生労働白書（資料編）』20頁。

え増加傾向にある[9]。

(3) 高齢者と社会保障・税一体改革

人口高齢化や現役世代の減少，家族形態や地域基盤の変化，非正規雇用の増加など雇用基盤の変化，高齢化に伴う社会保障費用の急速な増大などさまざまな社会・経済状況の変化に伴い現役世代も含めたすべての人が，より受益を実感できる社会保障制度にするため，社会保障・税一体改革を行った。

図表4-4　社会保障・税一体改革で目指す将来像

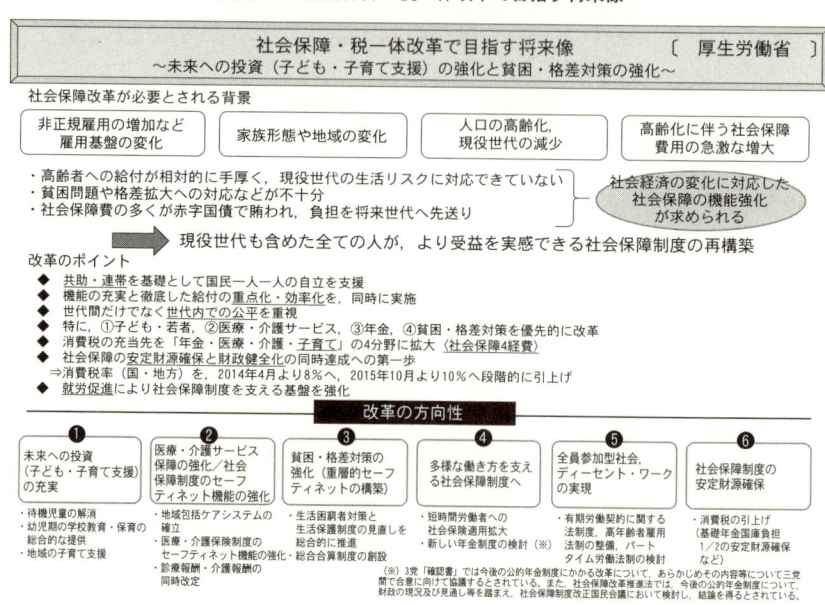

出典：厚生労働省，老健局「社会保障・税一体改革で目指す将来像」。

今回の改革は，共助・連帯を基礎として国民一人一人の自立を支援する，機能の充実と徹底した給付の重点化・効率化を同時に実施する，世代間だけでなく世代内での公平を重視する，特に，①子ども・若者，②医療・介護サービス，③年金，④貧困・格差対策を優先的に改革する，消費税の充当先

を「年金・医療・介護・子育て」の4分野に拡大＜社会保障4経費＞するとしている。社会保障の安定財源確保と財政健全化の同時達成への第一歩として消費税率（国・地方）を，2014年4月より8％へ，2015年10月より10％へ段階的に引上げる，就労促進により社会保障制度を支える基盤を強化することで，「全世代対応型」社会保障制度の実現ならびに社会保障の充実・安定化などを目指している。

この改革の中で高齢者と密接に関係している「医療・介護サービス」に関する改革をみてみると，消費税5％のうち1％を社会保障の充実に当てるとしており，その中の1.6兆円弱程度を医療と介護に使うとしている。

どこに住んでいても，適切な医療や介護サービスが受けられる社会づくりのため，まず住み慣れた地域での生活が継続できるよう地域包括ケアシステムを構築し在宅医療や在宅介護を充実させる。また，早期社会復帰に向けた医療の充実，医療や介護保険料の低所得者軽減を強化，長期で高額な医療の患者負担を軽減，後発医薬品の使用促進，給付の重点化を図るとしている。

このような社会保障・税一体改革は高齢者の生活にどのような影響を与えるだろうか。まずは，介護保険制度の仕組みを具体的にみることにする。

2. 介護保険制度

(1) 介護保険制度の概要

介護保険法は高齢社会での介護課題の対応として1997年成立，2000年4月に施行された。その背景には高齢化の進展，要介護高齢者の増加，介護期間の長期化，介護ニーズの増大および核家族化の進行，介護する家族の高齢化など要介護高齢者を支えてきた家族をめぐる状況の変化などによって導入された。介護保険法によると，その目的を「加齢に伴って生ずる心身の変化に起因する疾病等により要介護状態となり入浴，排せつ，食事等の介護，機能訓練並びに看護及び療養上の管理その他の医療を要する者等について，これらの者が尊厳を保持し，その有する能力に応じて自立した日常生活を営む

ことができるよう，必要な保健医療サービス及び福祉サービスに係る給付を行うため，国民の共同連帯の理念に基づき介護保険制度を設け，その行う保険給付等に関して必要な事項を定め，もっと国民の保健医療の向上及び福祉の増進を図ることを目的（第1条）」としている。

　介護保険制度により，これまで行政による「措置」として提供された福祉サービスが，被保険者の要介護状態又は要支援状態に対して，必要な保険給付を行う利用者と事業者の「契約」によるサービス提供へと変化したことになる。

■保険者

　介護保険の保険者は，市町村及び特別区であり，介護保険の財源の徴収・運営や介護給付の業務を行う役割を担っている。さらに，国や都道府県は，介護保険事業が円滑に行えるよう保険者（市区町村）と協力，支援することとなっている。

■被保険者

　介護保険の被保険者は，① 当該市町村の区域内に住所を有すること，② 医療保険加入者であること，③ 40歳以上の者となっている。

　また，被保険者は，第1号被保険者と第2号被保険者に区分されている。

　第1号被保険者は，65歳以上の者であり，全国に2978万人（2011年末）が加入している。第2号被保険者は，市町村の区域内に住所を有する40歳以上で65歳未満の医療保険加入者であり，4299万人（2011年末）が加入している（図表4-5参照）。

　また，介護保険サービスの利用には，「要支援者」または「要介護者」の要介護認定が必要である。第2号被保険者は，加齢に起因する特定疾病によって介護や支援が生じた場合に介護保険サービスを利用することができる。

　要支援状態とは，常時介護を要する状態の軽減若しくは悪化の防止に支援を要すると見込まれる，または日常生活を営むのに支障があると見込まれる状態である。要介護状態とは常時介護を要すると見込まれる状態である。

図表 4-5　介護保険制度の仕組み

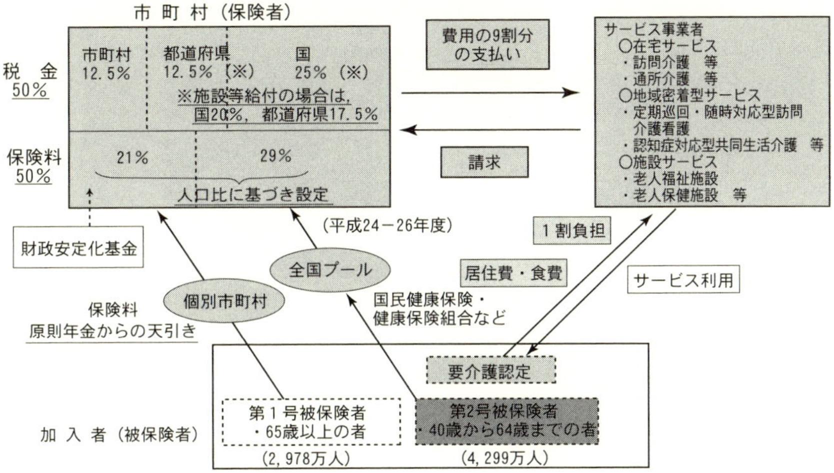

市町村（保険者）

税金 50%：市町村 12.5%　都道府県 12.5%（※）　国 25%（※）
※施設等給付の場合は、国 20%、都道府県 17.5%

保険料 50%：21%　29%
人口比に基づき設定
（平成24－26年度）

財政安定化基金

個別市町村　全国プール

保険料
原則年金からの天引き

加入者（被保険者）
- 第1号被保険者
  ・65歳以上の者
  （2,978万人）
- 第2号被保険者
  ・40歳から64歳までの者
  （4,299万人）

費用の9割分の支払い → サービス事業者
- ○在宅サービス
  ・訪問介護　等
  ・通所介護　等
- ○地域密着型サービス
  ・定期巡回・随時対応型訪問介護看護
  ・認知症対応型共同生活介護　等
- ○施設サービス
  ・老人福祉施設
  ・老人保健施設　等

請求

1割負担

居住費・食費

国民健康保険・健康保険組合など

要介護認定

サービス利用

(注) 第1号被保険者の数は、「平成23年度介護保険事業状況報告年報」によるものであり、平成23年度末現在の数である。
第2号被保険者の数は、社会保険診療報酬支払基金が介護給付費納付金額を確定するための医療保険者からの報告によるものであり、平成23年度内の月平均値である。

出典：厚生労働省老健局「公的介護保険制度の現状と今後の役割」。

　介護給付は，要支援（2段階）を対象とした予防給付と，要介護（5段階）への介護給付と区分されており，それぞれ段階により給付上限額が設定されている。

(2) 介護保険制度の財源

　介護保険制度は，「国民の共同連帯」という理念に基づいており，介護保険法によって定められた公的保険制度である。

　介護保険制度は，利用者の自己負担（1割）と保険料や公費（租税）による財源（9割）によって運営されている。介護保険制度の財源は，公費50％，保険料50％によって構成されている。公費50％の半分は国が，残りの半分は都道府県と市町村が12.5％ずつ負担している[10]。また，保険料50％の内訳は，第1号保険料が21％，第2号保険料が29％を担っている（図表4-6参照）。この第1号保険料と第2号保険料の割合は，人口比率によって

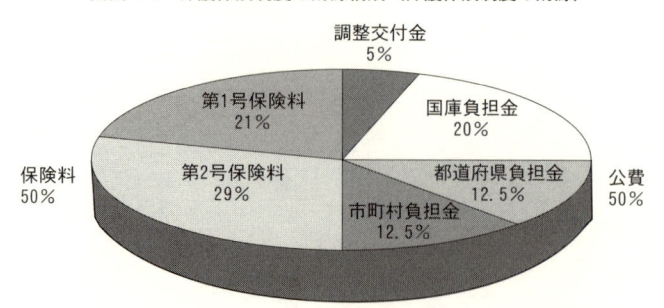

84　第4章　高齢者の社会保障と介護保険制度

図表4-6　介護保険制度の財源構成（介護保険制度の財源）

調整交付金 5%
第1号保険料 21%
国庫負担金 20%
保険料 50%
第2号保険料 29%
都道府県負担金 12.5%
市町村負担金 12.5%
公費 50%

（注1）第1号保険料と第2号保険料の割合は、計画期間ごとの第1号被保険者と第2号被保険者の人口比率によって決まる。上記は第5期（H24〜H26）における割合。
（注2）保険者ごとにみた場合、調整交付金と第1号保険料の構成割合は、調整交付金の交付状況により異なる。
（注3）都道府県が指定する介護保険3施設及び特定施設の給付費負担割合は、国庫負担金15%、都道府県負担金17.5%。

出典：厚生労働省、老健局「公的介護保険制度の現状と今後の役割」。

決定され、上記の割合は平成25年度予算の割合である。ここで、平成25年度介護保険の予算をみてみると、収入の内訳は、第1号保険者から1.8兆円、第2号保険者から2.5兆円、合わせて約4.3兆円が計上されている。公費としては国から5%の調整交付金を含めた約2.0兆円、都道府県ならびに市町村から約2.4兆円が計上されて、収入の総額として8.7兆円が設定されている。また、支出としては、在宅サービス・地域密着型サービス、施設サービス等で8.7兆円が介護保険の財源から介護報酬として給付される。これらの介護報酬に、利用者の自己負担分を追加すると介護保険制度に関する総費用は9.4兆円となっている（図表4-7参照）。

　保険料の設定についてみてみよう。保険料の策定は、市区町村等の介護保険事業計画と密接に関係している。介護保険事業計画は、市区町村（保険者）が要介護者等の実態を把握して必要な介護サービス量やそのために必要な費用を見込むとともに、介護サービスを提供するための基盤整備、サービスの選択や苦情等への対応などのしくみを作ったものである。3年を1期として2000年から市区町村（保険者）によって策定されており、3年ごとに

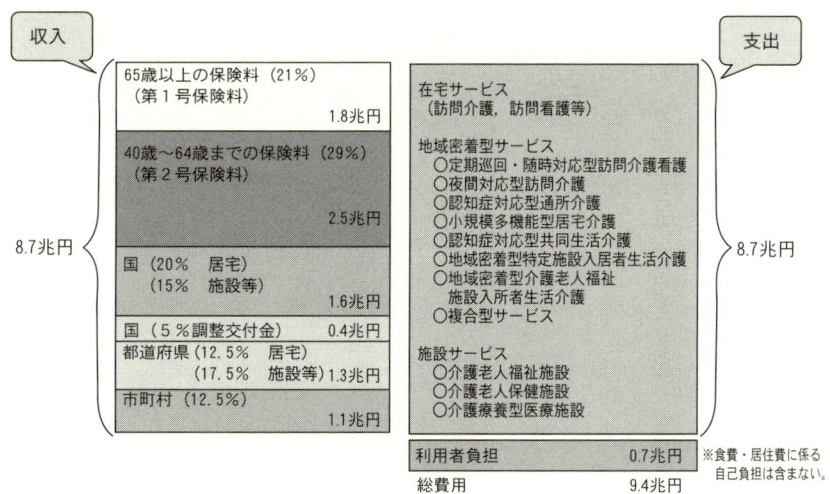

図表 4-7 介護保険制度財政の全体像（平成 25 年度予算ベース）

収入 8.7兆円
- 65歳以上の保険料（21％）（第1号保険料） 1.8兆円
- 40歳〜64歳までの保険料（29％）（第2号保険料） 2.5兆円
- 国（20％　居宅）（15％　施設等） 1.6兆円
- 国（5％調整交付金） 0.4兆円
- 都道府県（12.5％　居宅）（17.5％　施設等） 1.3兆円
- 市町村（12.5％） 1.1兆円

支出 8.7兆円
- 在宅サービス（訪問介護，訪問看護等）
- 地域密着型サービス
  - ○定期巡回・随時対応型訪問介護看護
  - ○夜間対応型訪問介護
  - ○認知症対応型通所介護
  - ○小規模多機能型居宅介護
  - ○認知症対応型共同生活介護
  - ○地域密着型特定施設入居者生活介護
  - ○地域密着型介護老人福祉施設入所者生活介護
  - ○複合型サービス
- 施設サービス
  - ○介護老人福祉施設
  - ○介護老人保健施設
  - ○介護療養型医療施設

利用者負担 0.7兆円
総費用 9.4兆円

※食費・居住費に係る自己負担は含まない。

※数字は，それぞれにおいて四捨五入しているため，合計に一致しない。
※第1号保険料は，平成26年度の給付費に充てられる額を計上。
※第2号保険料（介護納付金）は，この他に精算分として，▲208億円（国庫負担（再掲）▲54億円，都道府県負担（再掲）▲4億円））がある。

出典：厚生労働省，老健局「公的介護保険制度の現状と今後の役割」。

見直しを行っている。保険料はこの介護保険事業計画におけるサービス費用見込額等に基づき作成される。

　現在は，第5期（2012年度-2014年度）の介護保険事業計画が運営されており，保険料の全国平均は4972円である（図表4-8参照）。保険料は第1期時より約2000円上昇している。そして，全国で一番高いところは沖縄県の5880円で，一番低いところは栃木県の4409円であり，1471円の地域差がでている。

　保険料の徴収の方法は，65歳以上の第1号被保険者からは年金から天引きという形での直接徴収を基本としており，第2号被保険者からは，医療保険者（国民健康保険・健康保険等）が医療保険料とともに徴収している。

86　第4章　高齢者の社会保障と介護保険制度

図表 4-8　介護保険制度の保険料

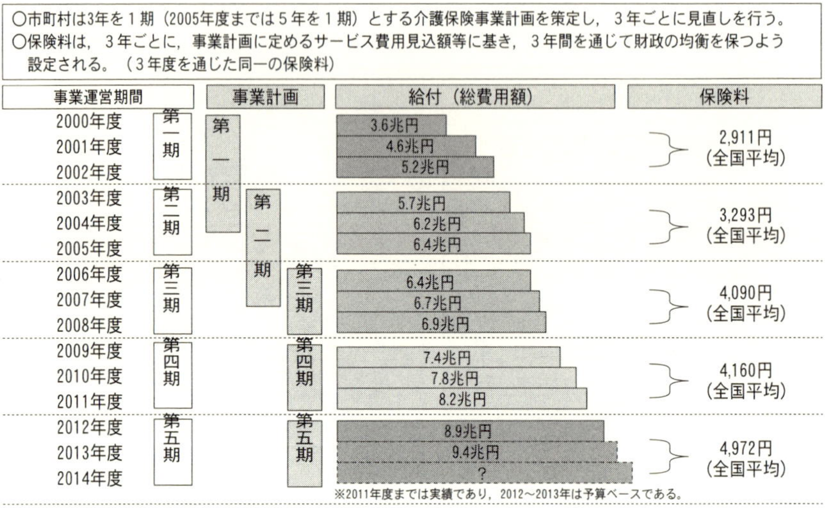

○市町村は3年を1期（2005年度までは5年を1期）とする介護保険事業計画を策定し，3年ごとに見直しを行う。
○保険料は，3年ごとに，事業計画に定めるサービス費用見込額等に基き，3年間を通じて財政の均衡を保つよう設定される。（3年度を通じた同一の保険料）

事業運営期間	事業計画	給付（総費用額）	保険料
2000年度 2001年度 2002年度	第一期	3.6兆円 4.6兆円 5.2兆円	2,911円 （全国平均）
2003年度 2004年度 2005年度	第二期	5.7兆円 6.2兆円 6.4兆円	3,293円 （全国平均）
2006年度 2007年度 2008年度	第三期	6.4兆円 6.7兆円 6.9兆円	4,090円 （全国平均）
2009年度 2010年度 2011年度	第四期	7.4兆円 7.8兆円 8.2兆円	4,160円 （全国平均）
2012年度 2013年度 2014年度	第五期	8.9兆円 9.4兆円 ？	4,972円 （全国平均）

※2011年度までは実績であり，2012〜2013年度は予算ベースである。

出典：厚生労働省，老健局「公的介護保険制度の現状と今後の役割」。

(3) 介護保険制度の実施状況

(i) 実施状況の概要

　2000年制度開始での65歳以上の被保険者は，約2200万人であったのに対して，2012年度末（2013年3月）には2910万人となり，約38％が増加したことになる。その中で，要介護認定の申請を行った人は，2000年時点で約270万件であり，2012年で520万件であった。そのうち，要介護・要支援の認定を受けた人は，2000年時は，約220万人であったのに対し，2012年は約500万人となっており，倍以上の増加をみせている。その割合は，2000年時点では，65歳以上高齢者人口の約10％が認定を受けており，2012年度には約17.8％の人が認定を受けている（図表4-9参照）。しかし，介護が必要なすべての人が認定を申請し，認定を受けているとは考えがたい。特に一人暮らしの高齢者が増加している今，さらに必要な介護サービスにつながらないことに注意すべきであるように思われる。

2. 介護保険制度　87

図表 4-9　介護保険制度の実施状況

① 65歳以上被保険者数の推移
　・65歳以上の被保険者は，制度開始時から約821万人（38%）増加。

	2000年4月末	2012年4月末
被保険者数	2,165万人	2,986万人

出典：介護保険事業状況報告。
＊2012年4月末には，楢葉町，富岡町，大熊町は含まれていない。

② 要介護（要支援）認定者数の推移
　・要介護認定を受けている者は，制度開始時から約315万人（144%）増加。

	2000年4月末	2012年4月末
認定者数	218万人	533万人

出典：介護保険事業状況報告。
＊2012年4月末には，楢葉町，富岡町，大熊町は含まれていない。

③ 要介護（要支援）認定の申請件数
　・要介護認定の申請件数は，13年で約254万件（94%）増加。
　注：2004年から要介護更新認定の有効期間を最大2年としたこと，2011年から区分変更認定及び更新認定で要介護と要支援をまたいだ場合の有効期間を最大1年としたことにより，申請件数の伸びは純化している

	2000年4月末	20124年4月末
申請件数	269万件	523万件

出典：介護保険総合データベース（平成25年6月19日集計時点）。

出典：厚生労働省，老健局「公的介護保険制度の現状と今後の役割」。

(ii) 介護サービス受給者の状況

　介護サービスの受給者をみると，2000年4月でのサービス受給者は，149万人であり，認定者は218万人である。2012年4月でのサービス受給者は，445万人であり，認定者533万人のうち，約83.5%がサービスを利用しており，認定を受けて介護サービスを利用する割合は増えている。ただ，2012年4月でもまだ約16%の人が認定は受けているがサービスを利用していない状況であり，その理由としては家族による介護，経済的理由，地域のサービス環境整備状況などが考えられる。

　さらに，介護サービス利用の内訳をみてみると，2000年4月居宅サービスが約65%，施設サービスが約35%の利用であったのに対し，2012年4月

では，居宅サービスが約74％，地域密着型サービス[11]が約7％，施設サービスが約19％となっており，居宅サービスの利用が増加している。

図表4-10 サービス受給者数の推移

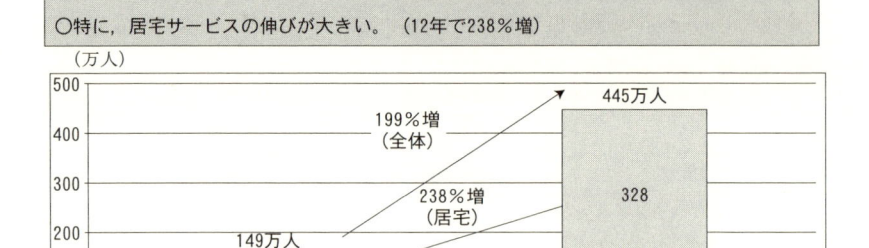

〇サービス受給者数は，12年で約296万人（199％）増加。
〇特に，居宅サービスの伸びが大きい。（12年で238％増）

（万人）

- 2000年4月サービス分：149万人（居宅97，地域密着52）
- 2012年4月サービス分：445万人（居宅328，地域密着31，施設86）
- 199％増（全体）
- 238％増（居宅）
- 65％増（施設）

□ 居宅サービス（2012年4月サービス分は，介護予防サービスを含む）
■ 地域密着型サービス（地域密着型介護予防サービスを含む）
■ 施設サービス

出典：介護保険事業状況報告

※介護予防サービス，地域密着型サービス及び地域密着型介護予防サービスは，2005年の介護保険制度改正に伴って創設された。
※各サービス受給者の合計とサービス受給者数は端数調整のため一致しない。

出典：厚生労働省，老健局「公的介護保険制度の現状と今後の役割」。

これは，介護保険法の第2条第4項にある「保険給付の内容及び水準は，被保険者が要介護状態となった場合においても，可能な限り，その居宅において，その有する能力に応じ自立した日常生活を営むことができるように配慮されなければならない」という条文にも現れているように，介護保険制度が居宅での生活に重点をおいたものであり，2005年改正の際に，施設給付の居住費や食費を給付から外し自己負担にするなど，施設サービス利用の負担増となる改正を行ったことも影響している。居宅を中心とする方向が反映された施策によるものであると思われる。

(iii) 介護サービス類型の利用者と総費用

サービスごとの1人当たり総費用をみると，介護療養（介護療養型医療施

設）が最も高く，老健（介護老人保健施設）や特養（介護老人福祉施設：特別養護老人ホーム）も高く，施設サービスが上位を占めている。そのほかも，地域密着型介護特養や認知症グループホーム（短期以外）が上位5番目に入っている。反面，訪問介護や訪問入浴介護，訪問看護などの居宅訪問サービスは1人当たりの総費用は低くなっている。そして，通所系や短期入所系のサービスは中間を占めている（図表4-11参照）。

図表4-11　サービス類型ごとの要介護利用者数／総費用内訳等（施設と在宅の費用の比較）

要介護のサービス利用者のうち，居宅・地域密着サービスは76％，施設サービスは24％であるが，総費用においては，居宅・地域密着サービスは58％，施設サービスは42％となっている。

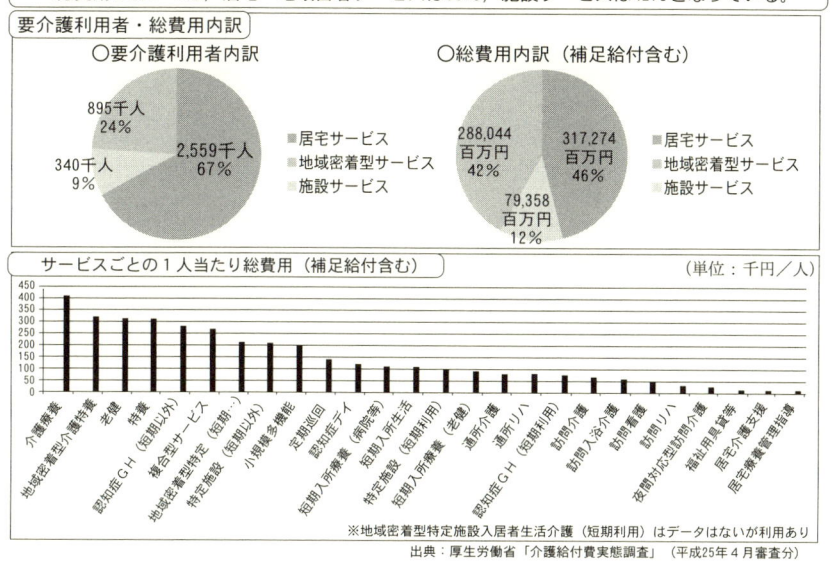

○要介護利用者内訳
- 895千人 24％
- 340千人 9％
- 2,559千人 67％
- 居宅サービス
- 地域密着型サービス
- 施設サービス

○総費用内訳（補足給付含む）
- 288,044百万円 42％
- 317,274百万円 46％
- 79,358百万円 12％
- 居宅サービス
- 地域密着型サービス
- 施設サービス

サービスごとの1人当たり総費用（補足給付含む）（単位：千円／人）

※地域密着型特定施設入居者生活介護（短期利用）はデータはないが利用あり
出典：厚生労働省「介護給付費実態調査」（平成25年4月審査分）

出典：厚生労働省，老健局「公的介護保険制度の現状と今後の役割」。

さらに，要介護のサービス利用者数は，居宅・地域密着型サービスは76％，施設サービスは24％の割合となっているが，総費用をみると，居宅・地域密着サービスは58％，施設サービスは42％となっている。

(iv) 都市部の高齢者と認知症高齢者の状況

今後，都市部における高齢者の増加は，人口が多い分さらに総数が増えていく。また，これからは，高齢者の中でも，要介護状態や認知症の人の割合

の高い75歳以上高齢者（後期高齢者）の急増が見込まれる。東京都での75歳以上の高齢者人口をみると，2010年123.4万人（9.4％）であったのに対して，2025年には197.7万人になり15年で1.6倍増え総人口の15％になると予測されている。大阪府は，84.3万人9.5％が，2025年には152.8万人と15年で1.81倍増加し総人口の18.2％になるなど都市部では急速に増加すると予測されている。また，これまでも75歳以上の高齢者人口が多い地方は緩やかに増加すると予測されている。このように各地域の高齢化の状況が異なるため，地域ごとの高齢化等の特性に応じた対応が必要となる。都市部では介護保険施設等の土地を確保することが困難な状況に対応する様々な介護システムが検討されている。

また，介護保険制度を利用している認知症高齢者（日常生活自立度Ⅱ[12]以上）をみると2010年には280万人で65歳以上高齢者の約9.5％であったが，2025年になると470万人になっており，65歳以上高齢者の約12.8％に増加すると推計されている。その他，日常生活自立度Ⅰ[13]または要介護認定を受けていない人が2010年度時点で約160万人いると推計され，認知症有病率推定値は約15％であり，認知症有病者数は約440万人と推計されている。

このように高齢者の絶対数の増加により要介護者等の増加は充分に予測されているが，介護保険制度の担い手である介護人材の状況はどのようになっているのだろうか。介護保険制度が持続的かつ安定的に運営されるためには担い手である介護人材の質の向上と確保は重要である。次の節では介護人材について概観してみよう。

3. 介護人材確保

(1) 介護を支える人材の現状と課題

団塊の世代が75歳以上となってくる2025年度にむけ，地域で医療，介護，介護予防，生活支援，住まいなどを一体的に提供する地域包括ケアシステムの構築が順次進んでいる。地域包括システムを実現するためには，地域での多様な在宅サービスの充実とそれを担う介護人材の確保が不可欠であ

る。2025年には，介護従事者が237万人～249万人必要と推計されており，現在の149万人（2012年推計値）からさらに約100万人（毎年7万人前後）の人材を確保していく必要がある（厚生労働省：2013年）。

　介護人材の需要はますます拡大していき，また，介護サービスの量のみではなく質においてもより高いレベルが求められている。一方で，他の産業に比べて離職率の高いことや平均賃金が低いことなどの課題が明らかにされている。これらに対応していくためには，質の高い人材を安定的に確保していくことであり，定着・育成を図ることが重要である。

　ここでは，介護を担う人材の就業等の現状と定着・確保を図る取り組みについて考えてみたい。

(i) 介護人材の現状

　介護保険制度での介護人材の状況をみると，施行時，55万人（2000年度）であったが，133.4万人（2010年度）と増加し10年間で倍以上となっている。

　介護人材別に年齢構成をみると，介護保険施設や通所サービスで働く介護職員は30歳代が最も多く，20歳代から50歳代まで各年代が2割程度となっている。一方，在宅での訪問介護員（ホームヘルパー）は，50歳以上が半数を占め中高年層が多くなっている。

図表4-12　介護人材別の年齢構成

	20歳未満	20～29歳	30～39歳	40～49歳	50～59歳	60歳以上
介護職員	0.9%	21.0%	23.8%	21.7%	19.4%	10.4%
訪問介護員	0.2%	5.3%	12.7%	23.5%	27.5%	28.0%

出典：平成23年介護労働実態調査（(財)介護労働安定センター）。

　さらに，介護職員の雇用形態では，常勤が6割，非常勤が4割を占めている。サービス別では，介護保険施設では常勤は8割を超えているが，在宅の要介護者への居宅サービス等では5割程度となっている。

図表4-13 介護職員の雇用形態

(平成22年10月1日現在)				介護保険施設			居宅サービス等		
	合計	常勤	非常勤	合計	常勤	非常勤	合計	常勤	非常勤
介護職員	133.4万人	80.1万人 60.0%	53.3万人 40.0%	33.9万人	28.1万人 83.2%	5.7万人 16.8%	99.5万人	51.9万人 52.1%	47.6万人 47.9%

出典:厚生労働省「介護サービス施設・事業所調査」。

就業形態でみると,正社員は介護職員で57.7%となり,訪問介護員(ホームヘルパー)では15.7%と低い割合となっている。非正規社員の訪問介護員(ホームヘルパー)のうち,さらに非常勤が7割近くなっている。

図表4-14 介護人材の就業形態

	正社員	非正社員	うち常勤	うち非常勤
介護職員	57.7%	41.7%	32.9%	45.4%
訪問介護員	15.7%	83.5%	6.7%	68.1%

出典:平成23年介護労働実態調査((財)介護労働安定センター)。

このように介護人材の就業の特色として,多様な年代,雇用・就業形態が混在しているのが現状である。介護保険施設等で働く介護職員は若い世代も増えているが,在宅での訪問介護員(ホームヘルパー)は,中高年層が多くなっている。雇用形態や就労形態についても,介護職員は比較的安定した常勤や正社員が多いが,訪問介護員(ホームヘルパー)は非正社員で非常勤という割合が高くなる。今後,地域での生活を支える地域包括ケアシステムを推進するためには,それを担う介護人材の確保は重要な課題である。

(ii) 介護人材の給与

介護人材の賃金についてみると,経験年数,平均年齢等の要素の違いがあり,単純な比較はできないが,介護分野の賃金水準は産業全体と比較して低い傾向にある(図表4-15)。介護職員の平均賃金はホームヘルパー208.5千円,福祉施設介護員218.4千円となり,他の職種や産業合計全産業325.6千円と比較して低くなっている。また,これらのホームヘルパーや福祉施設介護員の賃金は,医療福祉分野における他の職種の者と比較しても低い。

図表 4-15 常勤労働者の男女比、平均年齢、勤続年数及び平均賃金

		男女計			男性				女性			
		平均年齢(歳)	勤続年数(年)	きまって支給する現金給与額(千円)	構成比(%)	平均年齢(歳)	勤続年数(年)	きまって支給する現金給与額(千円)	構成比(%)	平均年齢(歳)	勤続年数(年)	きまって支給する現金給与額(千円)
産業別	産業計	41.7	11.8	325.6	67.4%	42.5	13.2	362.3	32.6%	40.0	8.9	249.7
	医療・福祉	39.9	7.7	295.7	26.9%	39.6	8.0	376.1	73.1%	40.0	7.6	266.1
	社会保険・社会福祉・介護事業	40.6	6.9	241.4	27.9%	39.2	7.0	274.2	72.1%	41.2	6.9	228.7
	サービス業	42.8	8.0	269.6	67.4%	44.0	8.8	291.5	32.6%	40.4	6.3	224.5
職種別	医師	41.2	5.2	879.3	72.8%	42.6	5.6	931.2	27.2%	37.6	4.0	740.1
	看護師	37.3	7.1	326.9	7.3%	34.6	6.0	336.2	92.7%	37.6	7.2	326.2
	准看護師	46.3	10.3	280.0	8.2%	38.8	9.9	301.0	91.8%	47.0	10.4	278.1
	理学療法士・作業療法士	31.2	5.0	276.8	44.9%	32.0	5.0	289.9	55.1%	30.5	5.0	266.1
	保育士	35.0	7.8	214.2	5.3%	30.0	4.7	231.2	94.7%	35.3	8.0	213.3
	ケアマネジャー	46.1	7.0	260.4	22.5%	39.6	7.1	285.8	77.5%	48.0	7.0	253.0
	ホームヘルパー	44.6	5.1	208.5	19.2%	37.0	3.2	226.3	80.8%	46.4	5.5	204.2
	福祉施設介護員	38.3	5.5	218.4	33.1%	35.6	5.3	231.4	66.9%	39.7	5.6	211.9

出典：厚生労働省「平成24年賃金構造基本統計調査」。

　その要因として、男女の構成比が全産業では、男性67.4%、女性32.6%となるのと比べると、福祉施設職員では男性33.1%、女性66.9%と女性の割合が多くなっている。さらに、ホームヘルパーでは男性19.2%で女性が80.8%と8割以上を女性が占めている。全産業でも女性の平均賃金が10万円以上低くなっているわが国では、介護を担う人材の多くが女性とであることが、低賃金となる要因のひとつになっている。

(iii) 介護人材の離職率と有効求人倍率

　介護人材の離職率（平成20年）では、全産業平均と比較すると18.7%と高い傾向にある。全産業平均での女性労働者の離職率が16.0%と男性の12.2%より高いことから、女性介護職員の比率が高いことが、介護職員全体の離職率を高める要因の1つになっていると推測される。しかし、それを考慮しても介護人材の離職率が高いことは、今後の介護人材定着への政策が求められることを示している。

図表 4-16　離職率の状況（介護職員全体）

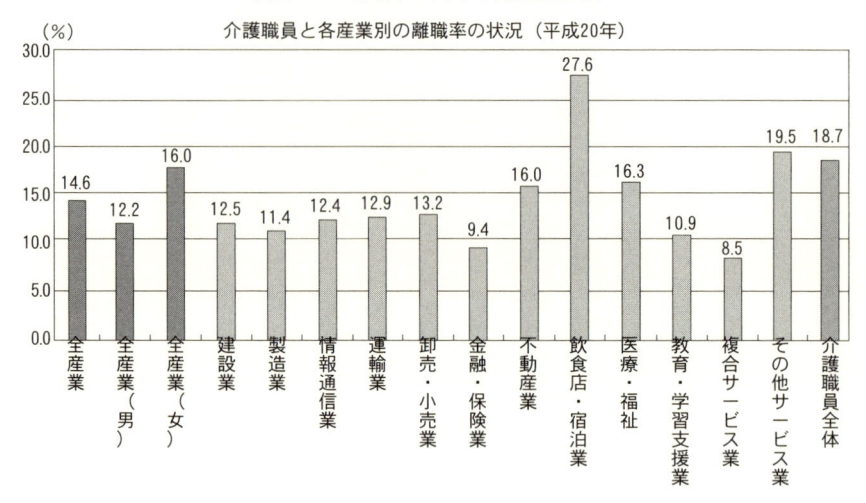

介護職員と各産業別の離職率の状況（平成20年）

区分	離職率(%)
全産業	14.6
全産業（男）	12.2
全産業（女）	16.0
建設業	12.5
製造業	11.4
情報通信業	12.4
運輸業	12.9
卸売・小売業	13.2
金融・保険業	9.4
不動産業	16.0
飲食店・宿泊業	27.6
医療・福祉	16.3
教育・学習支援業	10.9
複合サービス業	8.5
その他サービス業	19.5
介護職員全体	18.7

資料出所：全産業及び各産業の離職率：平成20年雇用動向調査（厚生労働省）
　　　　　介護職員及び訪問介護員の離職率：平成20年度介護労働実態調査（(財)介護労働安定センター）
注：離職率の定義は右のとおり。離職率＝（1年間の離職者数）÷労働者数

出典：厚生労働省老健局 HP。

　次に，有効求人倍率では，産業計では1倍を下回り，人員過剰の状況である一方，介護職員では1倍を上回り推移しているため，人員不足の状況が続いている。

　全職業との有効求人倍率と失業率の推移（平成16～24年）をみると，介護分野の有効求人倍率は，全職業と比較すると常に高くなっている。平成24年度有効求人倍率介護分野1.74倍，全職業0.82倍となる。介護サービスの需要が拡大することにより年々増加したが，特に2007年以降に急激に増加している[14]。失業率が高くなる2009年には介護分野での求人が減るという失業率に影響を受ける動きをみせる傾向にある。全職業の有効求人倍率が低下することで失業率が高くなり，失業対策等で介護分野に失業者が流れ就労者が増える。このように，社会全体の失業率や求人倍率が介護分野での人材確保に影響していることを示している。

　さらに，全職業と介護職員の離職率と入職率の推移をみると，介護職員で

3. 介護人材確保　95

図表 4-17　有効求人倍率（介護分野）と失業率
【16年度〜24年度／年度別】

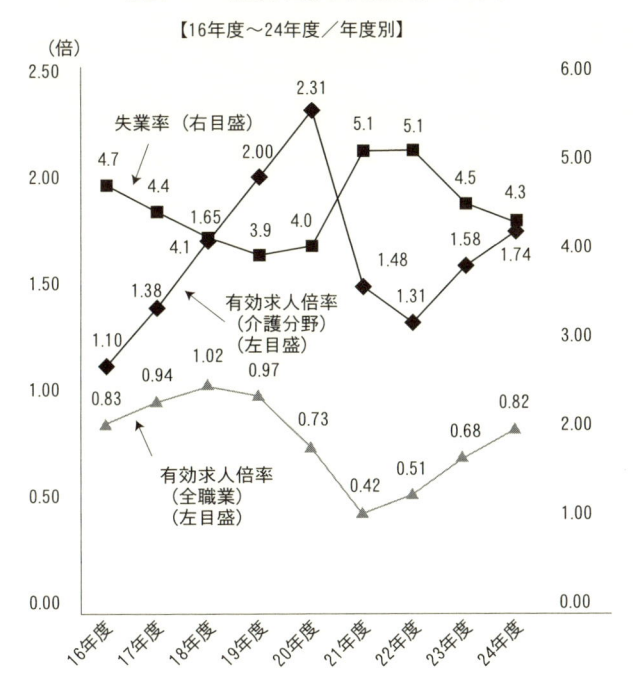

年度	有効求人倍率（介護分野）	有効求人倍率（全職業）	失業率
16年度	1.10	0.83	4.7
17年度	1.38	0.94	4.4
18年度	1.65	1.02	4.1
19年度	2.00	0.97	3.9
20年度	2.31	0.73	4.0
21年度	1.48	0.42	5.1
22年度	1.31	0.51	5.1
23年度	1.58	0.68	4.5
24年度	1.74	0.82	4.3

出典：厚生労働省老健局資料15)。

は，常に入職率が高く介護人材の増加を反映している。特に，離職率は2007年の21.6％がピークとなり，その後減少傾向にある。一方，入職率は，

図表 4-18

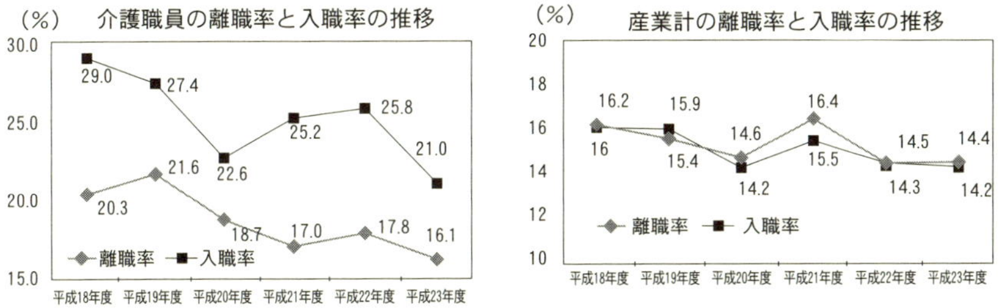

介護職員の離職率と入職率の推移

	平成18年度	平成19年度	平成20年度	平成21年度	平成22年度	平成23年度
離職率	20.3	21.6	18.7	17.0	17.8	16.1
入職率	29.0	27.4	22.6	25.2	25.8	21.0

産業計の離職率と入職率の推移

	平成18年度	平成19年度	平成20年度	平成21年度	平成22年度	平成23年度
離職率	16	15.4	14.6	15.5	14.3	14.2
入職率	16.2	15.9	14.2	16.4	14.5	14.4

出典：厚生労働省老健局資料（同上）。

2008年の22.6%とコムスン問題等での介護に対する社会のイメージの悪化が大きく影響して低くなっている。

これらの介護職員の離職率をさらに詳細にみていくと，離職率の分布には，離職率が「10%未満」の事業所と「30%以上」の事業所との二極化が見られる[16]。介護事業規模では，小さな事業所は規模が大きな事業所に比べて，研修支援といった能力開発への取組を行っている割合が少なく，離職率も高くなっているとされている[17]。

(iv) 介護人材の確保施策

これまでみたように，介護人材については離職率が低下傾向にあるとはいえ，介護サービスの増加に伴い人材確保が困難な状況にある。これらの対策として，介護職員の賃金の課題，将来へのキャリアパスの構築，入職希望者の確保などの施策がとられている。

① 介護報酬における介護職員処遇改善加算の創設

介護人材の給与等の処遇改善として，介護職員処遇改善交付金などの取組とともに，平成24年度介護報酬改定での介護職員処遇改善加算の創設を行った。介護職員処遇改善交付金は，平成21年度補正予算において介護職員の給料を月額平均1.5万円引き上げるものとして創設された。さらに，こ

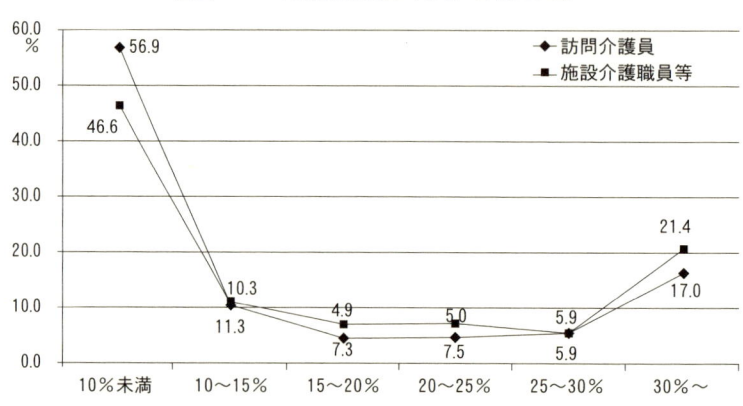

図表4-19 事業所別離職率の分布（平成23年）

	10%未満	10〜15%	15〜20%	20〜25%	25〜30%	30%〜
訪問介護員	56.9	10.3	4.9	5.0	5.9	17.0
施設介護職員等	46.6	11.3	7.3	7.5	5.9	21.4

出典：厚生労働省社会保障審議会介護保険部会資料。

の交付金は平成23年度で終了するため，平成24年度介護報酬改定において交付金と同様の仕組みで，介護職員処遇改善加算を創設した。

② 介護人材のキャリアパスの形成

「今後の介護人材養成のあり方に関する検討会」において，今後の介護人材のキャリアパスを整備して簡素でわかりやすいものにするとともに，介護の世界で生涯働き続けることができるという展望を持てるようにする必要があると報告された[18]。

これまでの，ホームヘルパー（介護職員）養成研修や介護職員基礎研修，介護福祉士国家資格等の教育体系を見直し，キャリアパスが可能になる教育体制を確立している。

介護人材の入口として「介護職員初任者研修（130時間程）」を創設し，在宅サービスや介護保険施設を問わず，介護を担う人材として基本となる知識技術を習得する研修とした。さらに介護福祉士国家試験を受験する実務経験者（実務3年以上）に義務付けられた「実務者研修（450時間）」は，実

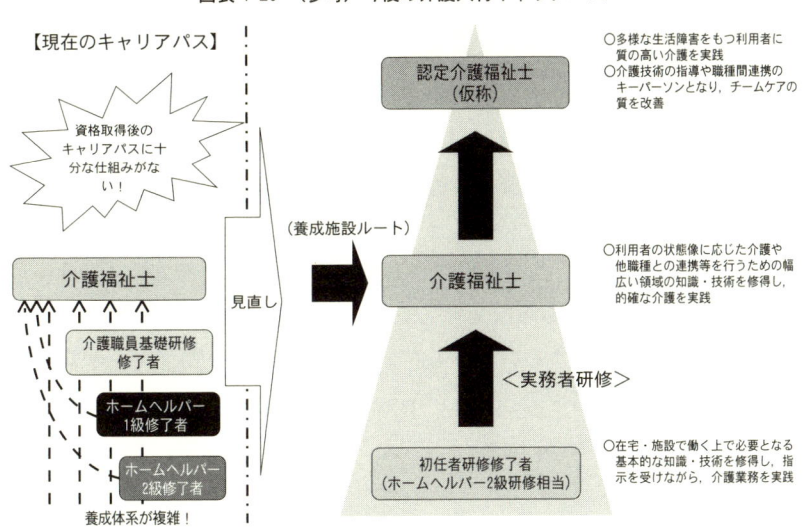

図表4-20　（参考）今後の介護人材キャリアパス

出典：厚生労働省：社会保障審議会介護保険部会。

務経験だけでは習得できない幅広い利用者に対する体系的な知識・技能の習得を目標としている。介護福祉士資格取得者には，さらに専門性を高める認定介護福祉士への道筋を明確にしている。

このようなキャリアアップが実現するため，事業主が雇用する労働者に対し，年間職業能力開発計画に基づき職業訓練の実施などを行った場合に，訓練経費や訓練中の賃金等を助成するキャリア形成促進助成金を設けている。また，介護従事者が介護福祉士試験の受験資格の要件となる「実務者研修」を受講する際に必要な代替要員を確保することで，実務者研修受講中における施設のサービスの質を維持するとともに，キャリアアップ・スキルアップを支援する施策も設けている。

③ 多様な人材の参入促進対策

介護人材の確保のためには，新規参入できる入口を広くすることと介護の質を高めるための専門教育とがある。新規参入対策としては，都道府県福祉人材センターに配置した専門員が，求人事業所と求職者間双方のニーズを的確に把握し，円滑な人材参入・定着を支援している。また，介護の専門職である介護福祉士の就労対策としては，子育て等のため離職した潜在的有資格者が知識や技術を再確認するための研修や他分野からの離職者の福祉・介護分野への就業支援のための職場体験等を実施し再就職の促進をおこなっている。さらに，介護福祉士養成のため，介護福祉士の資格取得を目的とした職業訓練，介護福祉士等修学資金貸付事業などを実施している。

このように，労働力人口が今後とも減少していく中で介護人材を安定的に確保していくためには，介護現場を生涯働き続けることができるという展望を持てるような魅力ある職場としていくことが課題である。そのためにはキャリアアップを支援する教育体系を整え，介護人材の質を向上させることで，介護が社会的評価を得ることが不可欠である。

(v) 介護人材の確保のまとめ

介護人材の構成の特徴としては，様々な就業形態（正社員，非正社員（パート，契約社員，登録ヘルパー，派遣社員等））がみられ，非正社員の占める割合が全体では約5割，訪問介護員については約8割を占めること等が

挙げられる。また，女性の割合が多いことにより，全産業からみると低賃金となっている。これは介護分野だけでなく社会的な課題でもある。それを踏まえると女性が働き続けやすい職場作りへの支援が求められているといえる。

さらに，介護人材の確保は，社会全体の経済状況や失業率に影響を受けている。そのため，経済状況が上向き傾向にある現在，介護人材の確保がさらに困難な状況となってきている。

これまで見てきたように，介護人材の定着・確保の課題に対応した適切な対策を講じていくためには，介護分野における人手不足や離職率を改善し，安定的に人材を確保及び育成する仕組みの構築が重要となっている。これらの賃金改善やキャリアパスによる人材養成がやりがいや誇りにつながり，「将来に展望を持てる」職業となり介護人材の定着へとつながると考える。さらに，介護は教育と経験による知が相互に向上することで実践的な質の向上が可能となる。そのためにも，早期離職を防ぎ，経験を重ねることで，サービスの質の向上につながるものと考えられる。

国民が安心して生活していくために，介護を必要とするとき，より質の高い介護サービスを受けることが可能な社会が期待される。経験豊かな介護人材がやりがいを感じながらも離職するのは，介護の職場の人材確保の問題だけでなく，ひいては社会的損失につながると考える。

4. おわりに（今後の展望）

介護保険制度は国民の間に広く定着してきたが，これまで示したように，要介護者等の増加，介護サービス利用の大幅な伸びにより，介護財源も急速に増大している。今後，更なる少子高齢社会を迎える中で，介護保険制度の持続可能性を確保していくとともに介護人材確保が大きな課題となっている。

さらに，認知症高齢者や一人暮らしの高齢者の増加も予想されており，これらの介護や生活支援を必要としている人々が地域生活を継続できるために

多様なサービスを利用しながら、できる限り住みなれた地域で自立した生活を送ることができる制度・基盤整備の充実が求められてきた。

そのため、2011（平成23）年には介護保険法を改正し、高齢者が地域で自立した生活を営めるよう、医療、介護、予防、住まい、生活支援サービスが切れ目なく提供される「地域包括ケアシステム」の実現に向けた取組を進めるということが明記された。「地域包括ケアシステム」とは、地域住民に対し、保健サービス（健康づくり）、医療サービス及び在宅ケア、リハビリテーション等の介護を含む福祉サービスを、関係者が連携、協力して、地域住民のニーズに応じて一体的、体系的に提供する仕組みである。ソフト（事業）面では、その地域にある保健、医療、福祉・介護の関係者が連携してサービスを提供するものであり、ハード面では、そのために必要な施設が整備され、地域の保健・医療や介護といった多様な社会資源が連携、統合されて運営されることとなっている。

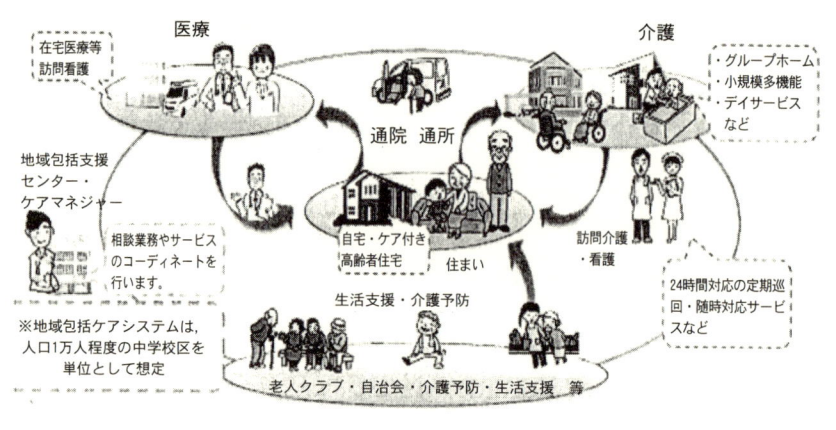

図表4-21　地域包括ケアシステムのイメージ

出典：厚生労働省HP。

このように近年の介護保険制度の動向をみると、施設ケアから地域ケアへの流れがさらに推進されている。しかし現状では、介護が必要となった時に、施設ケアか在宅ケアのどちらかを選ばなければならないという選択を迫られてしまう。住み慣れた地域や自宅がいいけど介護施設しか充分なケアを

受けることができない，家族に介護の負担をかけたく無いと，ケアを受けるために介護保険施設に「生活の場」を移さなければならない。

　誰でもが適切なケアを受けることができる権利を持っている。地域で暮らし続けることを保障するためには，見守り等が必要な人の生活支援から要介護が重度や医療ニーズも必要な人のケア（医療と介護）まで，その人が必要とするケアや生活支援が地域で継続して提供できるシステムとなる必要がある。同時に，家族介護者の介護に依存したシステムから介護保険のめざした介護の社会化を実現しなくてはならない。また，増加する高齢者，要介護者や認知症の人の生活を支える介護保険制度の介護サービスを確保し，高齢期を安心して生活することを支える介護人材の確保とともに介護を担う人の心身の健康を守り，魅力ある職業となるための労働環境の保障は重要課題である。

　長寿は人間の願いのひとつであり，日本は世界のなかでも屈指の長寿国である。今後の総人口は減少と75歳以上の「後期高齢者」の増加，つまり「人口減少下における75歳以上人口の急増」がもたらす社会経済等の環境変動に適切に対処していくことも必要である。その意味で社会保障の給付費・保険料の伸びが大きくなるなかで，2014年4月からの消費税等の財源確保と併せて，介護保険財政の在り方や介護保険制度を持続させ，また発展させていく社会を考えていかなくてはならない。

　高齢期に安心して生活していくための社会保障における高齢者福祉をはじめ介護保険制度等は，少子高齢社会でのあり方が今まさに問われている。加齢とともに健康や生活機能が低下していくときに，誰でもがより自分らしい生活を営むため介護ニーズに合わせて多様な支援や介護サービスを地域で受けられる地域ケアの支援体制が求められる。そのような，高齢社会の実現のために，今後の高齢者福祉と社会保障の充実は一層重要となるであろう。

注
1）「団塊の世代」とは，昭和22年から24年頃までに生まれた人々（1947年から1949年頃まで）のことである。（厚生労働省「平成18年転職者実態調査結果の概況」。）

「団塊の世代」とは，昭和22年から昭和24年に生まれた男女。(内閣府「平成24年度団塊の世代の意識に関する調査結果」。)

2) 平均寿命とは，0歳の平均余命である。すべての年齢の死亡状況を集約したものとなっており，保健福祉水準を総合的に示す指標として広く活用されている。「平成24年簡易生命表の概況について」厚生労働省。

3) 年金保険給付費，老人保健（医療分）給付費，老人福祉サービス給付費（介護対策給付費等）及び高年齢雇用継続給付費をあわせた額である。厚生労働省『平成20年版 高齢社会白書』。

4) 社会保障給付費は，社会保障費用に関する統計の最も代表的なものであり，国立社会保障・人口問題研究所が毎年公表している。社会保障給付費は社会保険や社会福祉などの社会保障制度を通じて1年間に国民に給付される金銭またはサービス費用の合計額であり，公表する前々年度の決算に基づく推計結果である。その推計は，国際労働機構（ILO）が定めた基準に基づいて行われている（『社会保障』中央法規，2013，60頁。）。今回使用した社会保障給付費図の2010－2012年度（予算ベース）は厚生労働省推計である。

5) 社会福祉士養成講座編集委員会編『社会保障』中央法規，2013，61頁。

6) 「年金」には，厚生年金，国民年金等の公的年金，恩給及び労災保険の年金給付等が含まれる。(平成23年度社会保障費用統計（旧：社会保障給付費）巻末参考資料用語の解説）。

7) 「医療」には，医療保険，老人保健の医療給付，生活保護の医療扶助，労災保険の医療給付，結核，精神その他の公費負担医療，保健所等が行う公衆衛生サービスに係る費用等が含まれる。(前掲)。

8) 「福祉その他」には，社会福祉サービスや介護対策に係る費用，生活保護の医療扶助以外の各種扶助，児童手当等の各種手当，医療保険の傷病手当金，労災保険の休業補償給付，雇用保険の失業給付が含まれる。なお，再掲した介護対策には，介護保険給付と生活保護の介護扶助，原爆被爆者介護保険法一部負担金及び介護休業給付が含まれる。(前掲)。

9) 「福祉その他」は，「介護」，「子ども・子育て」，「その他」を含む。2012年度20.6兆円の内訳は，「介護」が8.4兆円，「子ども・子育て」が4.8兆円，「その他」が7.4兆円である（厚生労働省「社会保障に係る費用の将来推計の改定について」)。

10) 居宅給付費についての割合である。施設等給付費（介護保険施設，特定施設等）については，区市町村12.5%，都道府県17.5%，国20%である。

11) 地域密着型サービスは，2005年介護保険制度改正に伴って設置された（図の注に説明あり）。

12) 「日常生活自立度Ⅱ」とは，日常生活に支障を来すような症状・行動や意志疎通の困難さが多少見られても，誰かが注意していれば自立できる。

13) 「日常生活自立度Ⅰ」とは，何らかの認知症を有するが，日常生活は家庭内及び社会的にほぼ自立している。

14) 特に2007年民間介護事業最大手のコムスン不祥事（業務改善命令と未認定処分）により，離職者の増加が介護業界に介護人材不足が生じた。

15) 社会保障審議会介護保険部会（第45回）「資料4 介護人材の確保関係」平成25年6月6日。【出典】厚生労働省「職業安定業務統計」，総務省「労働力調査」。

16) 社会保障審議会介護保険部会（第45回）「資料4 介護人材の確保関係」平成25年6月6日。【出典】(財)介護労働安定センター「平成23年度介護労働実態調査」。

17) 厚生労働省老健局介護保険計画課：介護職員処遇改善交付金についてHP。

18) 厚生労働省社会・援護局：今後の介護人材養成のあり方に関する検討会「今後の介護人材養成のあり方に関する検討会報告書」平成23年1月20日。

参考文献

厚生労働省 HP「公的介護保険制度の現状と今後の役割平成 25 年」。
内閣府『平成 25 年度高齢社会白書』。
厚生労働省『平成 24 年厚生労働白書』。
厚生労働省『平成 25 年厚生労働白書』。
社会福祉の動向編集委員会 (2013)『社会福祉の動向 2013』中央法規。
社会福祉士養成講座編集委員会編 (2013)『社会保障』中央法規。
広井良典・山崎泰彦編著 (2009)『社会保障』ミネルヴァ書房。
堤修三 (2010 年)『介護保険の意味論』。
増田雅暢編著 (2009)『世界の介護保障』法律文化社。
宮島俊彦 (2013)『地域包括ケアの展望』社会保険研究所。
太田貞司・森本佳樹編著 (2012)『地域包括ケアシステム』光生館。
厚生労働省「第 5 期計画期間における介護保険の第 1 号保険料について (平成 24 年 3 月末時点で額が決定している保険者の集計値)」
厚生労働省 HP 社会保障改革関連資料「社会保障・税一体改革大綱 (平成 24 年 2 月 17 日閣議決定)」。
厚生労働省 HP 社会保障改革関連資料「社会保障に係る費用の将来推計の改定について」平成 24 年 3 月。
厚生労働省 HP 社会保障改革関連資料「社会保障・税一体改革で目指す将来像」。
厚生労働省 HP 社会保障改革関連資料「明日の安心　社会保障と税の一体改革を考える (内閣府、政府広報パンフレット)」。
厚生労働省 HP 社会保障改革関連資料「日本の社会保障制度の特徴」。
厚生労働省 HP 社会保障改革関連資料「社会保障制度の変遷」。
厚生労働省 HP 社会保障改革関連資料「各制度の概要」。
厚生労働省 HP 社会保障改革関連資料「社会保障の給付と負担の現状 (2013 年度予算ベース)」。
社会保障制度審議会「社会保障制度に関する勧告」1950 年 10 月 16 日。
社会保障審議会介護保険部会 (第 45 回) 資料 4「介護人材の確保関係」平成 25 年 6 月 6 日。
地域包括ケア研究会 (2011)『地域包括ケア研究会　報告書 〜今後の検討のための論点整理〜』(平成 20 年度老人保健健康増進等事業)。
厚生労働省老健局 (2013)「介護保険制度改正の概要及び地域包括ケアの理念」。
厚生労働省老健局：介護職員の処遇改善等に関する懇談会　資料 5「介護職員をめぐる現状と人材の確保等の対策について」平成 24 年 5 月 11 日。
厚生労働省職業安定局『介護労働者の確保・定着等に関する研究会：中間取りまとめ』平成 20 年 7 月。
厚生労働省社会・援護局：今後の介護人材養成のあり方に関する検討会「今後の介護人材養成のあり方に関する検討会報告書」平成 23 年 1 月 20 日。

第5章

高齢社会における国土利用と地域振興

1. はじめに

　第二次世界大戦後，荒廃した国土の再建と日本経済の復興・発展を目指して，わが国では全国的な規模での国土開発計画が進められてきた。これらの開発は，全国の拠点に産業を立地させることに成功し，インフラを整備・拡充することで，日本経済の成長に大きく貢献してきた。しかしながら，国が主導する全国一律的な拠点開発方式による開発手法は，地域間格差を是正するにはいたらず，一方で地域の独自性は育成できずに，地方に存続してきた個性の多くを失う結果になってしまった。加えて20世紀の終わりには，経済のグローバル化や国内人口の少子高齢化が急速に進展したこともあり，わが国の経済は停滞期を迎えた。そのためかつてのように，経済成長を前提として全国一丸となった開発計画を進めることに限界がみえてきたのである。

　とりわけ地方においては，少子高齢化が先行し，人口減少社会が現実のものとなって，従来の開発により生じた地域社会の綻びも顕在化している。中山間地域などには，限界集落のような，その存続すら危ぶまれる地域も現れており，それらの存在が農地や森林の改廃，自然環境の破壊を進行させる要因にもなっている。地方の中小都市では中心市街地が衰退する一方，経済・人口の成長期に無秩序に拡大した市街地を維持するための経費が，財政を圧迫するようになった。そのため，日常的な生活圏の中心地として機能すべき本来の役割が果たせないような状況になりつつある。

　このように少子高齢化が進行し人口が減少する低成長時代において，顕在化する社会問題を解決し，持続可能な社会を実現するために，われわれは都

市とその生活圏をどのように再構築していくべきであろうか。その開発手法を見出すことが緊急の課題となっている。

そこで本章では、まず、わが国の戦後における国土計画の流れを概観し、それらの成果や問題点を整理したうえで、今日的な課題に対応する開発、あるいは地域振興策のあり方について考えてみたい。とくに後半では、地方における社会的な問題を解決に導くことを目的として、地方都市がその中心市街地を活性化するための概念として掲げる「コンパクトシティ」について概説するとともに、その実現に向けた日本とドイツの取り組みを紹介しながら、そのあり様、もしくは今後の課題等について述べていきたい。

2. わが国における国土計画の進展

(1) 戦後における国土開発計画の流れ

第二次世界大戦後1950年に制定された国土総合開発法下で進められた当初の開発は、都市部など特定地域に重点を置くものであった。しかしながら日本の経済が復興期から成長期へと向かう中で、首都圏など都市地域への産業の偏在・集積が進行し、大都市圏における過密問題と地方における過疎化の進行が顕在化してきたこともあって、特定地域に限定されることなく全国にわたって総合的な開発が進められるべきとの気運が高まった。これを受けて国土総合開発法に基づく開発計画は、1962年、国土の均衡ある発展を目指す「全国総合開発計画（全総）」を策定する。全総では、経済発展の原動力である工業の偏在を解消するため「拠点開発方式」を打ち出し、全国に15の「新産業都市」と6つの「工業整備特別地域」を認定して、地方への産業立地を促進した。

1969年策定の「新全国総合開発計画（新全総）」でも産業の地方分散による経済発展の全国展開をさらに推進するため、「大規模開発プロジェクト方式」が採用された。これは、大規模工業開発によって新たな産業拠点を整備し、高速鉄道や高速道路、通信網などでそれらの拠点を結ぶという構想に基づくものであった。この時期はわが国空前の高度経済成長期であり、田中内

閣が政策綱領とした「日本列島改造論」も支持を得て，インフラなどの積極的な建設による開発が推し進められた。

しかしながら，1973年の第1次石油危機により高度経済成長期が終焉を迎え景気が低迷すると，地方から大都市圏への人口移動は沈静化し，省エネルギー・省資源が重視されて，それまでの重化学工業化を偏重する全国開発計画の見直しが必要になった。そうした中1977年に策定された「第三次全国総合開発計画（三全総）」では，自然環境，生活環境，生産環境の調和のとれた人間居住の総合的環境の形成をはかる「定住構想」が提起された。大都市圏への人口集中を抑制し地方を振興する従来の全国総合開発の理念はそのままに，各都府県に設定された「モデル定住圏」を重点地域として，地域内での完結性が高い自立的な新しい生活圏の構築を目指した。しかしながら，定住構想は十分な成果をあげるに至らず，1980年代以降は，東京圏の相対的な地位が高まって東京一極集中が進展し，地方との格差はむしろ拡大した。

こうした実態を踏まえて1987年策定の「第四次全国総合開発計画（四全総）」では，「多極分散型国土の形成」を基本理念として掲げた。そして，その効果的な実現を目指して「交流ネットワーク構想」を提示した。この計画が策定されたのはバブル景気の進展した時期でもあり，「多極分散型国土形成促進法」（1988年）や「総合保養地域整備法」（1987年）などを根拠として，全国各地で様々な開発プロジェクトが計画・着手された。新たな高速道路や新幹線の延伸，地方空港の新設・整備など，交通によるネットワークは拡充をみたものの，1990年代に入りバブル景気が終焉を向かえ，国や地方自治体の財政難も顕在化したことで，地方の拠点で繰り広げられた施設開発計画の多くは頓挫するか大幅な見直しを迫られることになった。

1998年策定の「21世紀の国土のグランドデザイン（いわゆる五全総）」は，副題に「地域の自立の促進と美しい国土の創造」を掲げているように，四全総までの開発計画全てにおいて目標とされながら，依然として進まなかった東京大都市圏と地方との格差是正を，あらためて大きな目標に掲げている。またこの計画は，21世紀の到来をひかえ，グローバル化の中で，人

口の減少・高齢化の進展と向き合い，高度情報化社会への対応を迫られるわが国の進むべき方向性を示したものでもあった。グランドデザインは，「北東国土軸」「日本海国土軸」「太平洋新国土軸」「西日本国土軸」の4つの国土軸を形成することで，これまでの単一的な国土構造形成の流れを，複数の国土軸が相互に連携しながら並立する多軸型の国土構造の形成へと転換していくとしている。これらの国土軸は，気候風土や地理的特性などにおいて共通性を持つ地域として括られるものであり，各々が日本列島を縦断する方向に伸びる軸状の圏域となっていて，それぞれが新たな文化や生活様式を創造するための圏域として区分されている。そしてこれらの国土軸によりながら，多自然居住地域の創造や，大都市のリノベーション，地域連携軸の展開，広域国際交流圏の形成を図るとしている。

(2) 「全国総合開発計画」から「国土形成計画」へ

四全総までの全国総合開発計画は，国土総合開発法を根拠とし，拠点開発方式によって産業施設やインフラの整備・拡充に力点を置いた経済効率優先の開発であった。また，これらの開発計画は，国主導による中央集権的な国土政策であったため，地方自治体の中央依存の傾向を助長し，地域の独自性を十分に育成することができなかった。その中にあって三全総の「定住構想」は，生活圏の充実を主眼として地方の自立的な開発を企図した構想ではあったが，地方主導の制度や施策に乏しく，さらにはその方針が開発計画の主柱に据えられた期間も短かった。現実にその後の四全総の時期にはバブル景気もあって，国主導の計画の中で，再びインフラ等の施設建設を主体とする開発が推進された。

これに対し21世紀の国土のグランドデザインは，その計画実現のために国と地方間で適切な役割分担をする必要があるとし，地域住民や諸団体など公共・民間の多様な主体による地域づくりの重要性を提唱，地方分権等の改革に対応するための新たな国土計画体系を目指すとしている。すなわち，それまでの全国総合開発計画では成し得なかった大都市圏と地方との格差是正を実現するために，開発計画を中央主導によるものから地方の積極的な参加

によるものへと変更するという指針が示されている。

　この当時すでに日本の社会は，急速な少子高齢化により生産年齢人口の相対的な縮小が進み，経済のグローバル化が進行したこともあって，かつてのような経済成長は見込めないばかりか，国家・地方財政の赤字が増大していた。一方で，開発の進展に伴って環境問題が顕在化する中で自然環境保護の意識はより一層高まり，従来のような産業施設建設を優先的に進める経済成長路線一辺倒の開発は，大幅な見直しを迫られてもいた。

　こうした社会的要請を反映する形で2005年には，それまでの国土総合開発法が改正され，名称も「国土形成計画法」に変更された。また，この改正を受けて2008年には新たに「国土形成計画（全国計画）」が閣議決定された。すなわち，それまで1962年以来5次にわたって策定されてきた全国総合開発計画は見直され，わが国の国土政策は方針を大きく転換することになったのである。

　国土形成計画では，国土交通省及び国土審議会による「全国計画」と，広域地方計画協議会による「広域地方計画」をそれぞれ重要な柱として位置づけた。そして，それまでの国土開発では不十分であった計画策定における地方の権限を明示し，国と地方との役割分担を明確化，計画策定にも地方自治体等の参加を求めることで国と地方との対等な関係にもとづく自立的な広域ブロック計画が策定されるとしている。日本社会が抱える少子高齢化と人口減少，産業の空洞化による経済活動の停滞，地方自治体の財政の悪化といった今日的問題は，とりわけ地方において顕在化・深刻化しており，計画の理念に示された「分権化」によって，地方における個別の事情に即した計画・施策を実現する道筋が開かれた点は意義深い。

(3) 地方における社会問題の顕在化

　国土総合開発法の下で進められてきた半世紀近くに及ぶ全国総合開発計画では，中央主導の全国一律的な開発手法が優先された結果，画一的な開発が進み，地域ごとの個性的な特色は失われてきた。本来，地域が個性をもって独自に発展しているのであれば，各々の個性を相互に連携させ，補完し合う

ことで，全国的な役割分担による均衡ある発展が期待できたわけで，それぞれの地域がその個性によって存続していく方向性を見いだすこともできたかもしれない。しかしながら，地域間格差を是正すべく進められてきた同一手法に基づく地域開発とそれら各地を連結する交通・通信体系の拡充は，地方において中央のあり方を伺う，いわゆる中央依存の傾向を深め，一方で中央の求心性は高まって，結局のところ地方の疲弊・衰退を助長することにつながってしまっている。

　また，かつての開発の中で整備されたインフラや産業施設も今日では老朽化が進み，その補修や維持管理に掛けるべき費用だけでも膨大なものになると試算される。しかしながら，緊縮財政が求められる現状では，自ずとそれらへの支出も制約されることになる。したがって老朽化した施設を多く抱えながら，財政事情がより深刻な地方自治体は，新たな開発を進める余力がないばかりか，現状を維持することさえ厳しい状況に追い込まれている。

　かつて高度経済成長期には地方から大都市圏への人口移動によって地方の各地で過疎問題が顕在化したが，それらの問題の本質は地域産業の担い手である生産年齢人口の流出にあった。地方人口の年齢構成にみるアンバランスはその後も解消されることはなく，今日，全国的な社会問題として語られる少子高齢化・人口減少の傾向も，地方において先行してきたのである（図表5-1）。農山漁村地域，なかでも中山間地域などではこの問題はさらに深刻であり，65歳以上の人口が地区人口の半数以上を占める，いわゆる限界集落も増加している。農山漁村地域のこのような実情は，地域の主要産業である農林漁業の担い手が高齢化しているということであり，その存続が危機的状況にあることを意味するが，それは単にそうした産業の衰退という問題にとどまるものではない。たとえば農村における耕作放棄地の拡大や，山地における人工林の荒廃など土地利用の変容は，環境問題の深刻化に結びついている。すなわち，第一次産業は土地利用などを通じて地域の生態系の維持・環境保全に重要な役割を果たしてきた産業でもあり，その衰亡は，地域の貴重な自然環境を保護する機能を失うことをも意味している。また，これらの産業の主役とも言える生産の技術や，生産物，あるいは食品などの加工品やそ

図表 5-1　大都市圏と地方における高齢人口

		1960年	1970年	1980年	1990年	2000年	2010年
全国	全人口	93,418,501	103,720,060	117,060,396	123,611,167	126,925,843	128,057,352
	高齢人口	5,349,809	7,330,989	10,647,356	14,894,595	22,005,152	29,245,685
	高齢人口率%	5.73	7.07	9.10	12.05	17.34	22.84
三大都市圏[1]	全人口	33,474,808	44,038,072	51,065,839	55,229,321	57,461,712	60,118,753
	高齢人口	1,592,908	2,459,698	3,810,189	5,458,135	8,540,679	12,588,742
	高齢人口率%	4.76	5.59	7.46	9.88	14.86	20.94
東京大都市圏[2]	全人口	17,863,859	24,113,414	28,698,533	31,796,702	33,418,366	35,618,564
	高齢人口	790,644	1,256,259	2,002,071	2,988,998	4,806,244	7,246,714
	高齢人口率%	4.43	5.21	6.98	9.40	14.38	20.35
地方[3]	全人口	59,943,693	59,681,988	65,994,557	68,381,846	69,464,131	67,938,599
	高齢人口	3,756,901	4,871,291	6,837,167	9,436,460	13,464,473	16,656,943
	高齢人口率%	6.27	8.16	10.36	13.80	19.38	24.52

注：1）　便宜上，埼玉県・千葉県・東京都・神奈川県・愛知県・京都府・大阪府・兵庫県の合計とした。
　　 2）　便宜上，埼玉県・千葉県・東京都・神奈川県の合計とした。
　　 3）　全国から，1）の8都府県をのぞいた道県の合計。
出所：各年度の国勢調査報告による。

れらを利用してきた食のあり方は，いわば地域固有の文化である。地域の産業が存続できなくなれば，そうした文化もまた継承が困難になっていく。

　地域独自の地場産業やこれまでの国土開発の過程で地方においても整備が進められてきた製造業は，かつて，地方経済を支える重要な基幹産業として機能していた時期がある。しかしながら日本経済の構造的な不況が長く続き，グローバル経済の進展にともなう生産拠点の海外移転などもあって，地方の製造業部門もまた，地域経済を支える役割を十分に果たせない状況に陥っている。そして，少子高齢化の問題は，生産技術の伝承者・後継者，あるいは技術革新の発想力をもつ新たな人材を確保できないといった点で，こうした産業の将来に暗い陰を落としている。これらの問題を払拭するための地域活性化には地元資本からの積極的な投資が必要であるにもかかわらず，地域経済が不振であるが故に，それができないというジレンマに陥っている。

3. 日本における地方都市の構造と問題点

(1) 中小都市の市街地が抱える問題

　地方における中小都市は，周辺の農山漁村を含む日常的な生活圏の中で，社会・経済・文化に関わる諸活動の拠点として機能してきた。しかしながら，そうした中小都市における中心市街地も，全国各地で1990年代の初め頃から衰退が目立つようになってきており，その拠点性の低下が深刻化している。中心市街地の衰退は，居住機能の郊外移転，それに付随する商業機能等の郊外化によって生じてきたものである。諸機能の郊外化は東京などの大都市においてみられる現象が地方に波及したものであり，これも全国で画一的に進んだ前時代における開発の結果としてとらえることもできるが，中心地の衰退はとくに地方の中小都市において顕著な現象である。大都市であれば中心部，すなわち都心における中心地機能が高度化・専門化しており，居住機能の郊外化にともなって商業などの日常的な中心地機能が郊外化しても，都心はより広域に向けた高次の中心地として機能し続けることが可能である。たとえば商業機能であれば，都心の店舗は，郊外にあるそれらと差別化をはかることで存続し得るのである。また，大都市圏にはそうした機能を支えるだけの人口の集積があり，郊外・周辺地域から都心部への移動の利便性を確保するだけの公共交通機関が整備され発達している。

　しかしながら，地方における中小都市では，もとより中心地の規模は小さく，そこに存在する機能も大都市に比べ高次なものに乏しい。つまり中心市街地の商業機能には日常的なものが多く，中心市街地から居住機能が郊外へ移転すると，中心地の商店を支えてきた近隣の顧客が減少することになり，営業を続ける上で大きな痛手となる。周辺部から中心市街地へ移動する人々の輸送を担ってきた公共交通機関は，路線の密度や運行頻度が低く利便性が悪いこともあり，モータリゼーションの進展によって地域住民の移動には自家用車の利用が一般化する。その結果，狭隘な道路と細かな土地利用が目立つ中心市街地への移動は，混雑を避け敬遠されることになる。一方で，自家

用車でのアクセスに優れた郊外の一角に，大きな駐車場を備えた品揃え豊富な大型店やショッピングエリアが立地すれば，人々の購買行動の流れは，自ずと中心市街地からそちらへとシフトしていく。かつて賑わった中心市街地からは，買い物客が途絶え，経営を維持できなくなった店舗は相次いで閉鎖，空き店舗が連続する商店街はシャッター通りと称されることになる。これが，地方の中小都市において大きな問題とされる中心市街地衰退の構図である。地方都市では，いわゆる「まちづくり三法」に基づいて中心市街地の活性化に向けた様々な取り組みを進めているが，まちに活気を取り戻すまでに至っている事例は少ない。

中小都市では市街地を拡大する開発によってさらなる郊外化が進行してきたが，これによりそれまで担保されてきた農地や山林は改廃された。こうした開発は公共，民間を問わずその手法や形式において大都市圏の郊外で進んだものと同様である。いわば中央における標準的な様式を模倣することで中央との格差を是正しようとした開発行為であったが，これらによって地方の貴重な伝統的景観，自然環境といった個性が，無個性な市街地の景観に置き換えられる形で失われていったのである。また，市街地の拡大によってインフラを維持するための経費も拡大することになったが，財政事情が厳しさを増す地方自治体にとっては，それが大きな負担となっている。

中心市街地の衰退，あるいは市街地の無秩序な拡大は，とりわけ高齢者の日常的な生活にとって大きな障害となる。人口が流出する中心市街地では従来のコミュニティが崩壊し，そこに居住し続ける高齢者にとっては，その生活を支えてくれる近隣住民とのコミュニケーションの機会が失われることになる。また，日常的な買物をするにも，近所の商店街は多くの商店が閉鎖されたシャッター通りとなっていて，そこで用を足すことがかなわない。したがって日常的な買物にも遠出をしなければならなくなるが，公共交通機関が不便な状況では，その移動にも苦労する。自家用車を運転しない，あるいは利用することのできない高齢者にとって，これは死活問題といってもよい。こうした交通に関する問題は，中心市街地から離れた場所に居住する高齢者にとっても同様である。市街地が拡大する中で，商業施設にかぎらず，様々

な機能が分散して立地するようになった地方都市においては，移動手段としての自家用車は必要不可欠の存在となっており，こうした都市の構造は，高齢者の日常生活に支障を来すものになっている。また，全国総合開発計画の時代に地域の経済・社会の核心地として成長することを見越して拡大を進めてきた地方都市の市街地は，人口減少の時代に入った今日では，その面積的広がりと施設数において必要以上の規模をかかえているといえよう。

(2) 中小都市におけるまちづくり

　少子高齢化が進行し人口減少時代を迎えた今日の日本において，地方の中小都市の整備・まちづくりはどのような方針をとるべきなのだろうか。

　かつて，それらの都市が，地域の生活圏における中心地として繁栄していた時代は，中心地としての機能は中心市街地の狭い範囲に集約されていた。その中心市街地は，集約されたその機能によって，周辺から人々を集め，周辺に対しては財やサービスを供給する，文字通り中心地本来の役割を担っていた。都市的な土地利用が占める市街地の広がりは現在よりも小さく，市街地の侵食を受けていない周辺の農山漁村地域は，各々の第1次産業が実質的に機能を維持していた。つまり，中小都市を核とした生活圏域内において，各々の地域が，各々の特徴である機能をもってその役割を果たし，相互に連携・補完することで一体的な地域を形成していたのである。

　わが国における国土開発の方針が，国土総合開発法を根拠とするものから国土形成計画法に基づくものへと変更され，計画策定における地方の権限が明示されたことは，地方の個別の事情に即して，自立的で個性的な開発のあり方を検討していくべきであることが，提言されたということでもある。したがって地方の中小都市は，その地域の現状に鑑みながら，その地域が存続していくのに適した本来あるべき姿に土地利用や施設の立地，市街地の構造を整えていく作業を進めるべきである。すなわち，超高齢社会が現実となり，人口も減少していく地方の生活圏にあっては，許容を超えて拡大・分散した中心都市の市街地を，適正な規模・配置に再編し，再び生活圏の核として機能し，人々の集う空間として再創造するような計画が必要となる。近

年，わが国でも地方の中心都市で進められている「コンパクトシティ」実現のための様々な取り組みは，まさにこのビジョンと計画に沿ったものであるといえよう。

4. 地方中小都市とコンパクトシティ

(1) コンパクトシティの概念と役割

「コンパクトシティ」とは，1973年にGeorge B. DantzigおよびThomas L. Saatyが著した『Compact City』において提唱された概念である。当時，アメリカ合衆国では，都市の郊外において，無計画かつ無秩序な開発が一般化しており，本書はこれに対して警鐘を鳴らすものであった。ここに示されるコンパクトシティとは，都市的な土地利用の郊外への拡大を抑制し，中心市街地を，文字どおりコンパクトな適正規模に維持してその活性化を図るという都市政策を象徴的に表現した概念であり，また，それを実現する都市そのものを指している。コンパクトシティの中心市街地は，生活に必要な諸機能が近接して立地し，地域に暮らす人々の生活圏の核としてふさわしい効率的な規模と，人々が常に集まる持続的な空間構造を実現するものである。

わが国の地方中小都市における前述のような現状は，まさしくDantzigらが指摘した当時のアメリカ合衆国における都市と同様な問題が顕在化するものであり，コンパクトシティの概念を導入したまちづくりが必要な状況となっている。それらの都市では，衰退する中心市街地が再び繁栄することを目指し，その地区における商業機能の活性化とまちなか居住の推進を図るべく中心市街地活性化のための施策を実施してきた。すなわち市街地の外延化を抑制しつつ，中心地機能の集約化を誘導して中心市街地の賑わいを取り戻し，求心力のある都市構造をつくりあげることを目指した施策であり，まさにこれは中心市街地のコンパクトシティへの転換を意味するものである。さらには，活性化したその中心地を核として，複数の市町村からなる役割分担と広域的な連携による生活圏域を形成することが目標とされることもあり，

その意味において，コンパクトシティには広域的な生活圏をつなぐ結節点として機能することも期待されている。

コンパクトシティは高齢社会に対応する都市構造を実現する空間でもある。中心地の諸機能が，歩いて移動できるコンパクトな空間の中に集約されて立地していれば，その都市の中で高齢者は安心して移動し，集い，憩い，滞在し，あるいは暮らしていくことができる。まさしく高齢者にもやさしい持続可能な社会の実現である。

(2) わが国におけるコンパクトシティ実現のための取り組み

わが国でも，1990年代に入って中心市街地の衰退・空洞化が深刻化する一方，無秩序で分散的な市街地の拡大・郊外化が，自然環境を損ないインフラ等の整備・維持の効率を悪化させた。こうした中でコンパクトシティの発想にもとづくまちづくりが注目されるようになり，各地でその実現に向けた様々な制度・施策が試みられるようになった。1998年には，中心市街地の活性化に取り組む地方自治体を支援するため，「中心市街地の活性化に関する法律（中心市街地活性化法）」が制定されている（2006年改正時に現在の法律名に改称された）。この法律にもとづいて各自治体が「中心市街地活性化基本計画」を策定しており，2007年には青森市と富山市の二つの自治体の基本計画（第1期）が，全国に先がけて国による認定を受けている。なお，両市ともに2012年からは第2期の基本計画をスタートさせている。以下にその2つの自治体の取り組みを概観する。

①青森市における取り組み

青森市は，人口約30万人（2013年）を数え，中核市にも指定されている同県の県庁所在地であり，県中部に位置する港湾都市として交通の要地となっている。

青森市では，市長が1992年にコンパクトシティの発想にもとづくまちづくりを表明し，1995年策定の長期総合計画にコンパクトな都市づくりの推進を明確に示している。1999年の都市計画マスタープランでは，全国で初めてコンパクトシティの形成を標榜した。

青森市のコンパクトシティ構想は,「市街地の無秩序な拡大を抑制」し,既存の社会資本を有効に活用することで,効果的な市街地整備を進めるというものである。このような方針を打ち出した背景には,かつて人口が増加していた時代に郊外へ拡大した市街地において,下水道等のインフラ整備や冬期における除雪にかかる費用が増大し,財政に大きな負担となっていたという事情がある。したがって人口増加がマイナスに転じた今日,郊外化した人口を中心部に呼び戻すため「街なか居住の推進」を基本計画における施策の柱としている。そして中心市街地の活性化に向けて,行政と現場の商業者とが連携して,商業,商店街の振興に取り組んでいる。たとえば商店街の裏道を活用し整備した「パサージュ広場」では,新しい界隈における賑わいの創出と実験店舗による起業家の育成を進めている。さらに「ウォーカブルタウンの創造」を謳い,交流,購買,居住,娯楽といった都市機能を歩いて回ることのできる範囲に整備しようとしている。その中核をなすプロジェクトとして進められた青森駅前再開発事業では,公益施設と商業施設とが同居する複合施設「アウガ」を建設して交流拠点としたほか,シニア対応型分譲マンションである「ミッドライフタワー」を建設した。

　「アウガ」の開業によって,中心市街地への来訪者は増加している。また「ミッドライフタワー」は,除雪の重労働から解放され,ショッピングエリアや診療所に近接していて,交通が便利であるなど,居住者からもおおむね評判がよい。したがって駅前再開発事業は一応の成功をみたとされるが,たとえば「アウガ」については,店舗の売り上げが予想に反して伸びず,2008年には運営主体の多額の債務が判明するなど,経営が必ずしも安定していないなどの問題も残される。

②富山市における取り組み

　富山市は,人口約42万人(2013年)を抱え,中核市に指定されている。同県の県庁所在地であり,製薬業などで名高い工業都市としても知られる。2006年には環境モデル都市にも指定されている。

　富山市では,「公共交通を軸にした拠点集中型のコンパクトなまちづくり」を推進しており,OECDがその調査結果を示した「コンパクトシティポリ

シーに関する報告書」の中でも，コンパクトシティ政策における先進都市の1つとして取り上げられるほどの高い評価を得ている。

　富山市のコンパクトシティ実現のための基本方針は，中心市街地の活性化にあり，そのために「公共交通の利便性の向上」「賑わい拠点の創出」「まちなか居住の推進」を施策の柱としてきた。

　公共交通の利便性の向上では，富山ライトレールの整備（2006年），市内電車の軌道の延伸，環状線化（2009年）を行った。とくに市内電車の環状線化によって中心商業地区と富山駅周辺地区の離れた2つの商業核が結ばれた意義は大きい。また，市内のバスについては65歳以上の市民を対象として，日中は市内全域のどこからでも中心市街地まで100円で乗車することができるようにした。賑わいの拠点としては，2007年，中心商業地区に，大屋根で覆われた全天候型広場「グランドプラザ」を開業している。まちなか居住を推進するための事業としては，市民が住宅を建設・購入する際の経費の助成や家賃の補助を行うほか，民間事業者が共同住宅を建設する際の助成も行っている。

　これらの事業による成果も上がってきている。2006年度まで減少が続いてきた市内電車の乗車人数も，それ以降は上昇し，2011年には前年度比17％の増加となった。公共交通による来街者は，平均滞在時間や来街頻度，消費金額が自動車による来街者のそれらを上回るとみられ，中心部の商業に好影響が出始めたとみられている。さらには，中心商業地区における歩行者通行量が増加しており，まちなかの居住人口の社会増加，中心市街地の地価の下げ止まり傾向，まちなか賑わい広場での市民活動の活発化などが進んでいることから，中心市街地活性化に向けた取り組みは効果を上げつつあると考えられる。

　③コンパクトシティ実現の目標

　両市の取り組みの根拠は「中心市街地活性化基本計画」にあり，両市において進められてきたまちなか居住の推進や，賑わい・交流拠点の整備，青森市における「ウォーカブルタウンの創造」，富山市における「公共交通の利便性の向上」は，いずれも中心市街地の活性化を実現するための手法であ

る。また，青森市における計画の基本的な方針にもなっている「無秩序な市街地の拡大の抑制」も，中心市街地への事業の集約，集中的な資本の投下によって中心市街地の地位と救心力が再び高まれば，相対的な意味でその目標が達成されることになる。

ただし，わが国のコンパクトシティ実現に向けた取り組みは，本格的な始動からの年限が短く，目に見えた明確な成果をあげているとは言えないのが現状である。そこで次に，明確なコンパクトシティの特徴を持ち，それを維持するための制度・施策に優れた，ドイツはフライブルク（Freiburg）の事例をみながら，わが国のコンパクトシティ実現に向けたあり様について検討するための参考としたい。

5. 交通政策とコンパクトシティ

(1) 公共交通指向型の開発

富山市の施策にある「公共交通の利便性の向上」は，公共交通指向型の開発（TOD：Transit Oriented Development）と呼ばれるものである。鉄道や路面電車（トラム；Tram もしくは LRT；Light Rail Tansit），バスなどの公共交通機関を整備・活用し，自動車に依存しない交通システム，都市構造を指向する開発のあり方である。次に詳述するフライブルクは，1970年代から積極的に公共交通の利活用による都市政策を進めてきた都市であり，いわばこうした開発の先駆的事例でもある。このような政策の中で注目されるのが路面電車（ドイツでは一般に Straßenbahn）であり，フライブルクでも交通政策の中の重要な要素になっている。路面電車は，ドイツではフライブルクはもとより，全国各地において，大都市から人口 10 万人あまりの小都市にいたるまで，市民の足として活躍している。一方，日本では現在 15 の都道府県において，北は札幌から南は鹿児島まで 18 地区に残されているに過ぎない。

(2) 「環境首都」フライブルク

　フライブルクは，ドイツ南西部バーデンヴュルテンベルク州にある都市で，シュヴァルツヴァルト南西麓に接してライン河谷の中に位置する。市域の西端部からフランス国境のライン川まではわずか3kmほどで，南はスイス国境のバーゼルまで42kmの距離にある。ドイツの中では比較的温暖・乾燥の地にあり，ブドウの栽培の盛んなバーデンワインの産地となっている。市の人口は約23万人（2012年），州内では4番目に人口規模の大きな都市である。高齢人口率は16.4%で，ドイツ全国の平均（20.6%）と比較するとその割合は低い。これはフライブルクが大学（アルバート・ルートヴィヒ大学フライブルクほか）のまちであり，市内人口の約1割は大学生で，教職員も多く居住するのが大きな理由である（図表5-2，写真5-1）。

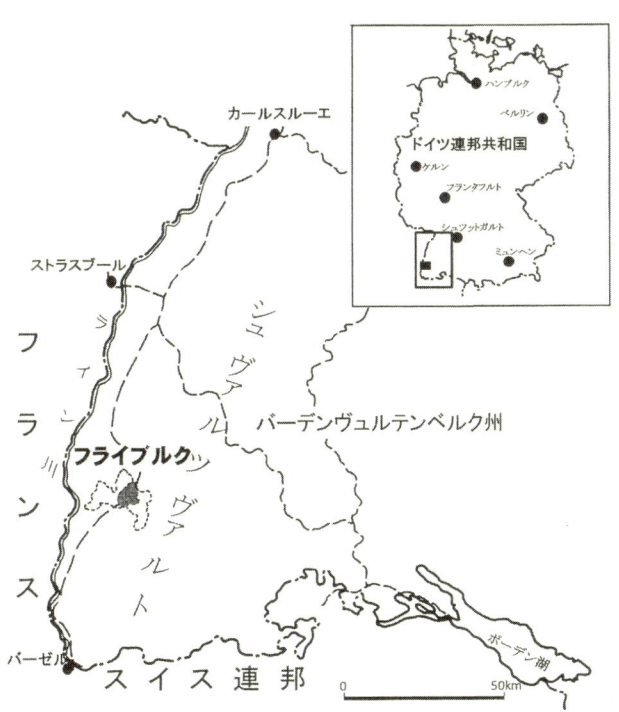

図表5-2　フライブルクの位置図

写真 5-1 大聖堂から市街地をのぞむ。手前が旧市街地，奥が郊外の新市街地。

　フライブルクにおける年間宿泊観光客数は，125万人（2009年）にものぼる。大聖堂と水路のある旧市街など，市内及び周辺に観光資源の多いことが，その一因でもあるが，学術的な国際会議や見本市，コンサートなどが開催されるコンベンション都市として，また環境政策における先進都市として，多くの来訪者・見学者を集めていることが大きな要因である。
　フライブルクは「環境首都」として世界的に知られる都市である。その契機は，1970年代，近隣のヴィールに計画された原子力発電所建設に反対する市民運動が盛り上がりをみせたことにある。これにより州政府は原子炉建設計画を破棄し，市民には自治的な意識の高まりと緑の党への強い支持層が生まれた。以降，フライブルクでは環境保全に関わる様々な提言がなされ，政策となって実行に移されてきた。1980年代には大気汚染による環境の悪化が目立つようになり，酸性雨などによってシュヴァルツヴァルトにおける森林の枯死が深刻な問題として取り上げられるようになってきた。酸性雨の主たる原因は自動車の排気ガスに含まれる窒素酸化物などにあるが，フライブルクでは，シュヴァルツヴァルトの森林破壊が広く世間に知られる以前か

ら，対策に乗り出していた。自動車利用を制限し排ガスを規制するとともに，原子力に代わるクリーンなエネルギーである太陽光や風力，バイオマスなどによる発電を推進してきたのである。その結果，CO_2の排出量は大きく削減され，フライブルクの2007年における排出実績は1992年比で－13.8%となった。

(3) フライブルクにおける交通政策

　フライブルクの都市政策の要は交通政策にある。そして，その基本的方針は環境保全に最大限配慮することであり，いわば環境政策の一環として交通政策を進めてきたという経緯がある。前述の通り，シュヴァルツヴァルトの森林破壊が世界的に知られる以前，すなわち1970年代前半に，フライブルクでは次のような交通政策が導入されている。

　まず，自動車利用の抑制である。自動車の排気ガスを抑制し，CO_2排出量を削減するために，1973年には，旧市街地への自動車の乗り入れを制限している。フライブルクの中心部は比較的道路の狭い旧市街地となっており，ここに自動車交通が集中すると，交通渋滞を引き起こし，排気ガス・CO_2が増加することになる。そこで緊急車両，居住者の車両，タクシーなど一部を除き，原則として自動車が中心部に乗り入れることを禁止し，旧市街地内の道路はすべて歩行者専用の道路とした（写真5-2）。そして，中央駅付近など旧市街地の周囲にパーキングビルや地下駐車場など，多くの駐車スペースを確保している（写真5-3）。歩行者専用道路の総延長は旧市街地を中心に8500m余および（2009年現在），ここでは自転車も降りて押して歩かなければならない。また別に自転車専用道路の整備を進め，市内におけるその総延長距離は99.5km（2009年現在）にもなっている。さらに，市街地付近の道路については，自動車レーン部分を狭くし，歩道・自転車レーンの拡幅を進めてきており，自動車の利便性を下げる工夫を行っている。このようにまちなかにおいては，歩行者・自転車を徹底して優先することで道路交通の主役とし，一方で自動車は極力排除してきている。

　市街地からの自動車の締め出しを進める一方で，公共交通機関の利便性を

122　第5章　高齢社会における国土利用と地域振興

写真 5-2　旧市街地の歩行者専用道路。

写真 5-3　フライブルク中央駅前にある地下駐車場入口。

高めてきている。フライブルク市内に戦前から運行されてきた路面電車（フライブルクでは Stadtbahn と呼ぶ）は，一時，その路線が縮小してきていたが，1972年に市はその維持および拡張を決議し，整備・延伸を行ってきた。その結果，現在，路面電車は旧市街地の中心に位置するベルトルズブルンネン（Bertoldsbrunnen）を要として4系統の路線が走り，その総延長は36.4km となっている。フライブルク市内の公共交通は，市が100％出資する「フライブルク都市公社」の傘下にある「フライブルク交通（VAG）」が整備・運営を行っており，路面電車もこのVAGにより運行されている。同じくVAGが運行する路線バス網も充実しており，78路線が走るその営業距離の総延長は274.3km に及んでいる。

　こうした公共交通の利用率を高めるための施策の1つが，パークアンドライドの推進である。パークアンドライドは市街地の外縁部にある路面電車およびバスの停留所に駐車場を整備し，ここで自動車から公共交通機関に乗り換えて中心市街地へ向かうよう促すものである（写真5-4）。フライブルクではこれを積極的に推進し，市街地へ乗り入れる自動車の交通量を大幅に削

写真5-4　郊外の路面電車・バス停留所に付設されたパークアンドライドの駐車場。

124　第5章　高齢社会における国土利用と地域振興

減する一方，公共交通の利用率を高めることにも成功している。
　公共交通の利用率向上に大きな役割を果たしているもうひとつの施策が，共通料金体系システムである。フライブルク市と隣接2郡からなるフライブルク都市圏では，先述したVAG運行の路面電車・バスに加え，ドイツ鉄道(DB)，近郊電車（S-Bahn）を運行するブライスガウ都市高速鉄道，その他の地方交通会社が1つの料金体系をもつRVF（フライブルク地域交通連合）を組織している。フライブルク都市圏（RVFの区域）ではこれらの公共交通を一律の料金体系の中で利用することができる。たとえば，Aという区域内有効の片道普通乗車券を購入した場合，その乗車券1枚の料金だけで，その区域内の片道乗車であれば，複数の交通機関を乗り継ぐことが可能である。この料金体系の中には1日乗車券などもあるが，特徴的なのが「環境定期券（Regio Karte）」の存在である。これはRVF区域内全域にわたって乗り降りが自由にできるものである（写真5-5）。1カ月定期で52.50ユーロ（2013年）と高価ではあるが，利用路線が限定されるわけではなく，広域において公共交通が制限なく利用できる上に，利用者を特定しない定期券のため，他人への貸し借りも自由にできる。加えて日曜日・祭日には定期券所持

写真5-5　環境定期券（Regio Karte）

者のほか，さらに大人1人と子供4人までの同乗が可能になる。したがって，休日は家族での利用も多くなり，利用率がさらに高まるという効果もある。こうした利用勝手の良さから公共交通利用者数（延べ数）に占める定期券利用者数の割合は85.9％（2009年）にのぼっている。

　ただし，こうした公共交通体系の維持には多額の経費がかかるため，フライブルク市と2郡，州政府からの補助金に頼る部分も大きいという。しかしながら，フライブルクでは前述した通り，太陽光・風力など，環境保全型の発電が盛んであり，それらを運営する「フライブルクエネルギー・水供給（FEW）」は大きな収益を上げている。FEWはVAGと同じく「フライブルク都市公社」の傘下にあることから，環境保全型の発電の収益が，環境保全に配慮した公共交通体系の運営を支えていることになるわけで，その意味で環境政策全体でみれば事業運営は健全な状態にあるということができる。

(4)　フライブルクにおける中心市街地

　フライブルクの交通政策は，明確に環境政策の中に位置づけられている。フライブルクでは環境問題への関心が高まる中で，大気汚染物質，温室効果ガスといった環境への負荷を軽減するため，その発生源である自動車の使用を制限することに踏み切った。ただし，同時に人々の移動性を確保するため，自動車に代わる公共交通手段を整備し，利便性の向上を図っている。加えて，徒歩・自転車による移動を優先する専用道を整備することで，人の力で可能な，ゆったりとしたペースでの移動を大事にしてきた。こうした交通政策は，従来の様に人々が都市の中心部へ移動することの利便性を損なうものではなかった。むしろ，交通集中による渋滞から解放された中心部への移動は，定時性が確保され，自動車に煩わされることのないまちなかでの移動・滞留は，より快適なものとなった。一方，公共交通は，中心部でも利便性を失うことなく，歩行者の移動をサポートしている。とりわけ，低床型で段差の小さい路面電車は，乗降時の支障が少なく，高齢者にも利用しやすい乗物である（写真5-6）。すなわち，フライブルクが推進してきた交通政策は，市民が都市の中心部に集まり滞留することを促すことになり，結果とし

126　第5章　高齢社会における国土利用と地域振興

写真5-6　Bertoldsbrunnen における路面電車。低床型の車両が使用されている。

て中心市街地の活性化に大きく貢献しているということができる。

　むろん，フライブルクの中心市街地における賑わいが失われることがないのは，中心市街地が個性的な魅力をもち続けているが故でもある。旧市街地の中心部には，町の歴史と美しさを象徴する大聖堂（Münster）がそびえ，その周囲をとりまく広場は露店の並ぶ活気ある市場となっている。また，おもな通り沿いには大型店を含む多くの商店や飲食店が建ちならび，自動車の通行を気にせずゆったりと歩ける街路は多くの人で賑わう。石畳の街路を流れる水路には，シュヴァルツヴァルトからの清冽な水が流れていて，人々の憩いの空間を演出している（写真5-7・5-8）。このほかに旧市街地の中には市役所や大学があり，旧市街地に接して劇場やコンサートホールも立地する。そしてこれらが，すべて1km四方ほどの範囲の中におさまっている。まさに中心市街地の機能と魅力がコンパクトなサイズのまちなかに凝集されているのである。

　旧市街地の中心部（Altstadt-Mitte）では，人々の居住空間としての機能も維持されている。中心部の人口密度（2012年）は，1haあたり78.3人で

5. 交通政策とコンパクトシティ　　127

写真 5-7　旧市街地の大通り。商店が建ち並び人々で賑わう。

写真 5-8　旧市街地の街路を流れる水路。子供たちが水遊びに興じる。

あり，これは市全体の平均（同 48.7 人）を大きく上回る。また，65 歳以上人口の割合は 20.2%（2012 年）であり，市全体の値よりも高いが，全国の平均値と変わらない。高齢化の進行がとくに著しいわけでもなく，大学を擁する地区のため 18 歳以上 30 歳未満人口の割合も高く（34.4%；2012 年），活気にあふれる地区であることがわかる。なお，これまでの 10 年間に旧市街地中心部の人口は大きく変わっていない。

フライブルクの中心市街地は，まさしくコンパクトシティそのものであり，それは，中心市街地における歴史的，伝統的景観や中心地としての機能を維持しながら，その魅力を保全し，あるいは創出してきたことで実現したものである。そして，そのために交通政策が果たした役割は大きかったといえよう。

6. 日本におけるコンパクトシティ実現に向けて

今日，日本は超高齢社会に突入し，人口減少時代を迎えている。とりわけ，そうした現象にともなう様々な問題が先行して顕在化する地方社会にあって，生活圏の核となる中小都市が中心地として機能し続けることは，非常に厳しい局面にある。本章で取り上げたコンパクトシティは，そのような現実の中に置かれる地方の中小都市が，持続的発展を招来するための理念であり，実現を期待する具体像そのものでもある。

コンパクトシティは都市の中心市街地がかつての賑わいを取り戻し，周辺地域の中で求心力をもった中心地として機能していくことを目指すものでもある。このいわゆる中心市街地活性化には，商業や交流，公共サービスといった中心地が本来果たすべき機能を充実することに加えて，それを支える近場の人口を増やすために，まちなか居住を推進することが重要である。実際に各地で，再開発事業による複合施設・交流施設の建設や，新たな「界隈」の創出による商店街の活性化，高齢者居住にも適した住居施設の建設・整備などが進められている。それらは，中心市街地の中に，徒歩で移動することが可能な生活空間を確立してコミュニティを再生し，高齢者にとっても

住みやすいまちづくりを実現しようとするものである．

　また，地方都市における厳しい財政事情の中では，財政の支出を極力抑えるためにも，開発・整備に関わる事業は中心部に集約するのが得策である．インフラ等の整備・維持にかかる経費を削減するためにも，市街地のこれ以上の拡大は抑制すべきである．

　さらには，中心地への人々の日常的な移動を促すとともに，中心部でのスムーズで快適な移動をサポートするような交通体系を整備・再編する施策も重要である．富山市におけるライトレール・市内電車の整備やフライブルクで進められてきた公共交通の利便性の向上，歩行者・自転車専用道路の拡充などは，その好例である．

　超高齢社会と人口減少は，全国で同様に進行する問題であり，中心市街地の衰退や市街地の無秩序な郊外化を解消する必要がある点は，地方都市に共通している．ただし各々の都市には，従来からその都市にだけみられるような特徴があり，地域社会に生じている問題にも細部にはそれぞれ異なる事情がある．したがってその解消に向けた施策も，地域ごとに異なっていて然るべきで，具体的な事業内容やその取り組みの仕方にも地域に相応しい独自のあり方が求められるのである．たとえば人口の分布状態や産業のあり様，市街地における施設の立地と景観，交通機関やインフラの整備状況，周辺市町村との関係性などは，それぞれの都市によって当然異なるものであり，まずはそれらの特徴を整理・分析することが肝要である．そしてそれらの中にある利用可能な特色は積極的に活用し，問題とされる点はそれを解消するために，具体的な施策を打ち出していくべきである．

　それぞれの都市には，解決すべき問題が複数存在することも多いが，それらは全く別の問題としてあるのではなく，互いに関連していることが多い．したがってそのうちの最も重大な1つの問題に焦点を定め，あとはそれに関連づけて他の問題にも対応すれば，自ずと多くの問題は解決に向かうのではないかと思われる．フライブルクにおけるコンパクトシティの実現は，市の行政と市民によって環境政策が最重要課題として位置づけられたこと，そして都市構造に関わる各種施策が環境政策と結びつけて実行されてきたことの

結果であることに注目したい。「環境」こそがフライブルクの施策の特徴を端的に表すテーマであり，フライブルクを象徴するキーワードとして多くの人々によって認知されるものになっている。コンパクトシティを実現するためには，その都市を象徴するに相応しい，こうしたキーワードを見いだすことが何よりも重要なのかも知れない。

参考文献

青森県青森市（2012）「第2期青森市中心市街地活性化基本計画」。
小田清（2007）「国土総合開発法の改正と国土計画策定の問題点－国土形成計画法の制定に関連して－」『開発論集』79, 1-17 頁。
鈴木浩（2007）:『日本版コンパクトシティ 地域循環型都市の構築』学陽書房。
飛田満（2008）「ドイツ・フライブルク市の都市交通政策」『目白大学 人文学研究』4, 97-107 頁。
富山県富山市（2012）「第2期富山市中心市街地活性化基本計画」。
富山市都市整備部中心市街地活性化推進室（2013）「コンパクトシティの実現に向けた中心市街地活性化」『地域開発』580, 25-29 頁。
矢田俊文（2012）「全国総合開発計画から国土形成計画への転換をめぐって」『経済地理学年報』58(1), 57-58 頁。
Amt für Bürgerservice und Infomationsverarbeitung der Stadt Freiburg im Breisgau (2012), *Freiburg im Breisgau -Stadtbezirksatlas 2012-*.
Amt für Bürgerservice und Infomationsverarbeitung der Stadt Freiburg im Breisgau (2010), *Statistisches Jahrbuch 2010*.
Stadt Freiburg im Breisgau (2010), *Umweltpolitik in Freiburg*.

第6章

少子高齢社会とデモクラシー

1. デモクラシーの変容

(1) 近代デモクラシーの成立と変貌

　デモクラシー（democracy）を民主政治と解釈するなら，その政治的含意は「支配者と被支配者の同一性」ということになる。西欧の市民革命によって市民階級が政治的な権力を握ってから，近代デモクラシーの基礎が築かれることになった。とうぜん，民主政治においては国民主権が主張されるが，それは国民が憲法制定権（pouvoir constituant）を握り，その憲法のもとに服することを意味する。立憲主義であり，法の支配である。また，国民が憲法制定権を持つとは，何よりもまず国民が至高の存在であり，その基本的人権が尊重されなければならないことを自動的に含意する。

　近代デモクラシーは，当該の時代や社会が提起する様々な問題に対応してきたが，最初にその流れを大雑把に辿っておこう。近代デモクラシーは，当初は市民階級を中心に運営されていた。云うまでもなく，市民階級は全人民の謂ではないから，実質的にも形式的にも市民階級のための制限されたデモクラシーでしかなかった。基本的人権に関していえば，そこでは市民階級にとって最も重要であった自由権が中心に据えられた。だが，経済的自由の過度の追求は，19世紀の資本主義の発達と相俟って，持てる者と持たざる者の差を拡大することになった。社会の圧倒的多数を占める持たざる者の不満が高まり，その要求を無視するわけにはいかなくなる。その要求の一つは，政治参加の範囲の拡大として実現され，これは最終的には普通選挙制度に結実する。普通選挙制度が導入されるとき，形式的には支配者と被支配者のほ

ぼ完全な同一性が実現されることになる。市民社会は大衆社会へと変貌する。デモクラシーもまた市民のデモクラシーから大衆のデモクラシーへと変貌し、質的にも大きく変化していく。大衆デモクラシーにあっては、大衆の要求を吸い上げ政策に活かすことが目指され、それまで政治の対象とされてこなかった教育や福祉といった領域までもが、その対象に編入される。必然的に、それまでの「小さな政府」にかわって「大きな政府」＝福祉国家が志向されることになり、とりわけ行政府の役割は飛躍的に拡大した。だが、今日、この「大きな政府」＝福祉国家がさまざまなアポリアに遭遇しており、先進国における人口の高齢化もその一つととらえられる。高齢社会が、大きな福祉を要求することは云うまでもないことだからだ。

　デモクラシーの基本は国民の要求を吸い上げ、それを法案化し実行に移すことによって、国民の利益に資することだ。国民の要求を吸い上げ法案化する役割をになうのは、国民の代表者からなる立法府である。もちろん、かつてのような制限選挙制が敷かれ、選挙民の同質性が高かった時代においては、選出された代表者は（単に形式的にではなく）ある程度、実質的にも選挙民を代表することが可能であったと推測される。市民社会のデモクラシーにおいては、選挙民である市民の間に一定の同質性が確保されており、また彼らはその財産にもとづいて一定の教育を受け教養を身につけている層と考えられている。こうした選挙民から選び出される代表者だからこそ、選挙民を実際に代表しており、議論によって彼らの間に一定の合意に達することが期待される。

　だが、普通選挙制度を原則とする、現代の大衆デモクラシーにおいては、この点に関しては極めて危ういと云わなければならない。大衆デモクラシーのもとで、選挙によって選ばれる代表者が真に、選挙人を代表するといいうるかは疑問である。普通選挙制のもとにおいては、選挙人はその知的なレベルや興味関心において、膨大な範囲に広がっている。そこにはかつて制限選挙制のもとにおけるような、選挙民における同質性は存在しない。とすれば、そこから選出される代表は、いったい何を代表しているのか、という疑念が生じるのは当然である。

さらに，選挙民が果たして自らの利害を理解したうえで合理的な投票行動をとっているのかも，はなはだ疑問であるといわなければならない。政治や経済の複雑な問題を，大衆は理解しようとすらしない。ただ目先の私的な利害を中心に投票行動をとることになる。一方，選挙の立候補者は，有権者の声に耳を傾け，有権者が何を望んでいるかを察知し，それに応えようとする。だが，それも票に結びつくことが大前提だ。「サルは木から落ちてもサルだが，政治家は選挙に落ちればタダのひと」とは云いえて妙で，選挙における真実の一つだ。落ちてしまえば，何もならない。当たり前だが，デモクラシーというとき，ある程度は「数の論理」がまかり通る。選挙においても，政策決定においても。とすれば，票が取れそうな政策を掲げていくことになる。残念ながら，この「数の論理」が支配的になる傾向は，大衆デモクラシーにおいて特に強くなる。

(2) シニア市民問題から高齢社会問題へ

先進国において，大衆デモクラシーのもとでの福祉国家は，さらに社会の変化に対応して，新しい問題に遭遇することになる。そのひとつが人口の高齢化の問題であり，もうひとつ云えば，人口の高齢化に関連するが，財政難による「大きな政府」＝福祉国家の行き詰まりの問題である。以下，この問題がどのように現れたのか，内田満『シルバー・デモクラシー』がアメリカを例にして概説してくれているので，振り返ってみる。

人口の高齢化については，特にアメリカで，シニア市民問題として，1970年代以降，注目されるようになった。それ以前にも，高齢社会の提起する政治問題は議論の俎上にのぼってはいた。例えば1950年代に世代間対立を問題視する論文もでているようである。だが，具体的な危機意識をもって取り上げられるようになったのは，70年代以降である。経営学者のP.F.ドラッカーは，高齢社会のデモクラシーへの影響を懸念して，これを「見えざる革命 unseen revolution」と呼んだという。また，『タイム』誌（1977年10月10日）は「高齢者の反乱」という特集を組み，高齢者が数・投票率・組織化の何れにおいても脅威になってきていることを指摘している。のちに，

誰の目にも明らかになるが，高齢者が数の上で比重を増し，概して若年層や壮年層よりも投票率において高く，組織化の点でも優れているために，政策決定への影響力が大きいのである[1]。

当然，高齢者に重きをおく政策となれば，福祉予算の増大にもつながり，国家財政を圧迫することになる。アメリカでは1980年代のレーガン政権において，増大した財政負担を解消するために，小さな政府を目指し福祉国家の修正が行われた。同時期の，イギリスのサッチャー政権，日本の中曽根政権でも，同様の試みがなされたことを考えれば，先進国においては，この傾向が世界的なものであったことがわかる。

ただし，この時点では，少子化の問題は出てきていない。この時期の議論では，長寿化によって高齢者の人口が増加し，それが市民生活や政治とりわけ選挙にどのような影響を与えるかが問題とされてはいる。だが，全体の構図としては，発展途上国の人口爆発についてはいうまでもなく，先進国においても，人口は増加していくと考えられており，少子化というよりは人口の抑制が課題とされていた時代である。おのずから，現在の先進国の高齢社会が抱える問題とは違っている。

その後，人口増加の予測に反して，先進国においては押しなべて人口は減少に転じていった。少子化である。実は，ここで取り上げているアメリカは先進国のなかでは例外的に人口が増加しているのだが，これはヒスパニック系移民の出生率が高まったことによるもので，その他の人口構成部分に関しては，他の先進国と同じように減少傾向が見られる。そして，この少子化は高齢化と連動して，一種の負のスパイラルを形成し，危機的な状況に陥っていく傾向が強い。さらに云えば，次に見るように，その少子化＝高齢化が最も劇的に進んでいるのが日本なのである。

2. 日本における高齢社会の進展

ここまで「高齢社会」という用語を漠然と使ってきたが，ここで厳密に定義しておくと，65歳以上の人口が総人口に占める比率，すなわち高齢化率

をもとにして，次のように 3 分類されている。高齢化率が全人口の 7% 以上〜14% 未満を占める社会を，高齢化していく社会の意味で高齢化社会と呼び，高齢化率が全人口の 14% 以上〜21% 未満の社会を高齢社会，高齢化率が全人口の 21% 以上を占める場合には超高齢社会と呼んでいる。この数字の区切り方は，1956 年の国連の人口統計の中で使われたものであり，理論的な根拠があるというよりも便宜的なものである。日本は 2010 年の時点で高齢化率は 23% であり超高齢社会ということになるが，以下の叙述では，高齢社会という語で統一して話を進めることにする。

　日本において高齢者問題が社会的な関心をあつめはじめたのは，1972 年の 6 月に，認知症の老親を介護する家族の苦闘を描いた有吉佐和子の小説『恍惚の人』が刊行されてベストセラーとなったあたりからとおもわれる。平均寿命が高くなったことなどもあり，他人ごとではない，身近な問題として高齢者問題が浮上してきた。これを受けたのか，同年 10 月に発足した田中角栄内閣の首相所信表明演説で，田中首相は高齢社会に政治問題としてはじめて言及した。田中は，高齢社会の到来を踏まえ「総合的な老人対策」を「国民的課題」として捉えたのである。以後，高齢社会問題は，社会問題であると同時に恒常的な政治問題となっていく。

　こうした高齢社会の進展に対応すべく，政治も対策を講じた。1984 年には総務庁長官官房老人対策室で，老後の充実した生活や老人福祉について『高齢者問題の現状と施策』をまとめている。だが，高齢者問題と政治の関連について云えば，なによりも 1995 年の高齢社会対策基本法の制定を挙げなければならないだろう。これは，基本的な高齢社会対策の枠組みを定めるもので，その基本理念，国や地方公共団体の責務の明確化をおこなったものである。この基本法の目的（第 1 条）と理念（第 2 条）については，次のように書かれている。

　　　　（目的）　第 1 条　この法律は，我が国における急速な高齢化の進展
　　　が経済社会の変化と相まって，国民生活に広範な影響を及ぼしている状
　　　況にかんがみ，高齢化の進展に適切に対処するための施策（以下「高齢

社会対策」という。）に関し，基本理念を定め，並びに国及び地方公共団体の責務等を明らかにするとともに，高齢社会対策の基本となる事項を定めること等により，高齢社会対策を総合的に推進し，もって経済社会の健全な発展及び国民生活の安定向上を図ることを目的とする。

　　　（基本理念）第2条　高齢社会対策は，次の各号に掲げる社会が構築されることを基本理念として，行われなければならない。

　　1　国民が生涯にわたって就業その他の多様な社会的活動に参加する機会が確保される公正で活力ある社会

　　2　国民が生涯にわたって社会を構成する重要な一員として尊重され，地域社会が自立と連帯の精神に立脚して形成される社会

　　3　国民が生涯にわたって健やかで充実した生活を営むことができる豊かな社会

　こうした目的と基本理念のもとに，基本的施策として以下の5点を取り上げている。すなわち，1）就業・所得（雇用・年金），2）健康・福祉（医療・介護），3）学習・社会参加（生涯教育・ボランティア），4）生活環境（住居・虐待），5）調査研究等の推進である。これらの基本施策を具体化するために，内閣府に，実務を司る特別の機関として高齢社会対策会議が設置され，高齢社会対策大綱がつくられることになった。この大綱は，数年ごとに実情に合わせて中身が書き換えられることになっている。

　だが，高齢社会対策基本法あたりまでの議論では，高齢化と同時進行のようにして起こってきた少子化の引き起こす深刻な問題がまだ充分に認識されていない。確かに高齢化は，若い人であっても，ちょっと想像力を働かせれば，自分もいつかはそうなることがわかるから，その意味では身近な問題であるし，老年期にさしかかった人にとっては現実に切実な問題となる。高齢化は，自分自身に即して考えるだけで理解が追いつく問題であり，社会全体の注目を集めやすい。だが，少子化については，個人はそれがもたらす危機を認識しにくい。しかし，少子化による人口減少，高齢者の増加と相俟ってひき起こされる高齢化率の増大は，厳然として社会全体に大きな危機を招来

する。

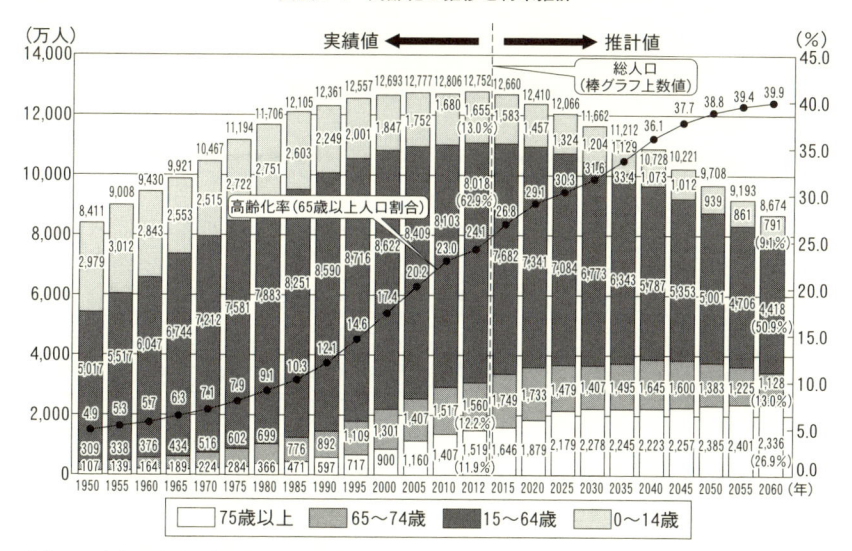

図表 6-1　高齢化の推移と将来推計

資料：2010年までは総務省「国勢調査」、2012年は総務省「人口推計」（平成24年10月1日現在）、2015年以降は国立社会保障・人口問題研究所「日本の将来推計人口（平成24年1月推計）」の出生中位・死亡中位仮定による推計結果。
注：1950年〜2010年の総数は年齢不詳を含む。高齢化率の算出には分母から年齢不詳を除いている。

出典：『高齢化の状況及び高齢社会対策の実施の状況に関する年次報告　平成25年度』（『高齢社会白書　平成25年度』）。
http://www8.cao.go.jp/kourei/whitepaper/w-2013/gaiyou/pdf/1s1s.pdf

　図表 6-1 を見れば一目瞭然だが、それまで徐々に上昇していた高齢化率は、80年代〜90年代から急激な上昇カーブを描くようになり、2012年には24.1にも達している。日本は数年前から、超高齢社会に突入している。

　　1995年　　　　高齢化率＝14.6％　総人口＝1億2560万人
　　2012年　　　　高齢化率＝24.1％　総人口＝1億2750万人
　　2040年（予測）　高齢化率＝36.1％　総人口＝1億 730万人
　　2060年（予測）　高齢化率＝39.5％　総人口＝　8674万人

　これは、予想も含めた数値をいくつか書き抜いたものだ。2060年は遠すぎるとしても、2040年は目の前だ。2040年の数値は、実感がわかないかもしれないが、現在の日本で最も高齢化率の高い秋田県でさえも30％を超え

ていないことを考えれば，これがたいへんな数値であることが理解できる。
2060年の数字を見れば，2.5人に1人が65歳以上，4人に1人が75歳以上
ということになる。

図表 6-2 世界の高齢化率の推移

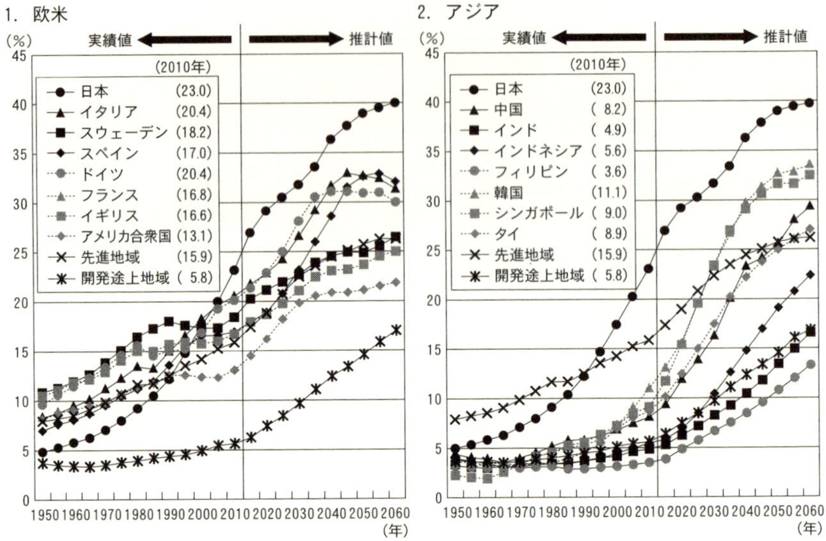

1. 欧米

	(2010年)
日本	(23.0)
イタリア	(20.4)
スウェーデン	(18.2)
スペイン	(17.0)
ドイツ	(20.4)
フランス	(16.8)
イギリス	(16.6)
アメリカ合衆国	(13.1)
先進地域	(15.9)
開発途上地域	(5.8)

2. アジア

	(2010年)
日本	(23.0)
中国	(8.2)
インド	(4.9)
インドネシア	(5.6)
フィリピン	(3.6)
韓国	(11.1)
シンガポール	(9.0)
タイ	(8.9)
先進地域	(15.9)
開発途上地域	(5.8)

資料：UN, World Populatiom Prospects: The 2010 Revision.
　ただし日本は，2010年までは総務省「国勢調査」，2015年以降は国立社会保障・人口問題研究所「日本の将来推計人口（平成24年1月推計）」の出生中位・死亡中位過程による推計結果による。
注：先進地域とは，北部アメリカ，日本，ヨーロッパ，オーストラリア及びニュージーランドからなる地域をいう。
　開発途上地域とは，アフリカ，アジア（日本を除く），中南米，メラネシア，ミクロネシア及びポリネシアからなる地域をいう。

出典：『高齢化の状況及び高齢社会対策の実施の状況に関する年次報告　平成25年度』（『高齢社会白書　平成25年度』）。
　　　http://www8.cao.go.jp/kourei/whitepaper/w-2013/gaiyou/pdf/1s1s.pdf

　また図表6-2からわかるように，この高齢化率の上昇は，他の諸国と比較しても大きく，日本は人類史上未曾有の高齢社会段階に入ってきており，しかもこの急激な傾向は今後も続くと悲観的な見通しがなされている。この急激な高齢化の進展は，2重の意味で困難をもたらす。1つは，この急激さに対応が追いつかない恐れである。先進国ではどこでも高齢化が進む傾向にあるが，それが比較的ゆっくり上昇していくという場合には，対応も時間をかけて行うことができる。しかし，日本の場合には，進行が急激であるため

に，そうした時間的余裕に乏しく，充分な対応がなされないことが危惧される。次に，この一種の危機にどのように対応すべきか，先例が存在しないことである。高齢社会の最先端を日本が走っているということは，対応に際して参考にすることができるものがないことを意味する。未踏の領域を手探りで進むような困難に遭遇することになる。

　日本のように婚外子が極端に少ない社会では，少子化は，結婚しない男女の増加あるいは晩婚化，結婚しても子供を産まない，といった原因が考えられる。

　子どもをもうけるか否かは個人（夫婦）の選択の問題である。子どもが独り立ちするまでに，かかるコストは数千万円といわれており，現在のような雇用不安，経済状況のもとでは，それに耐えきれない若い夫婦も多いはずだ。正社員になれず，雇用が不安定なパートタイム社員同士の夫婦が，子どもをもうけるのは，親の恒常的な援助でもあてにできない限り，かなり勇気がいる。したがって，自分たちの生活を経済的に防衛するために，子どもを切望しても，あえてもうけないという選択をする場合も多いだろうし，かりにもうけるとしても，1人という場合が増えることになる。このように書くと，年配の世代からは，かつては苦しい生活の中でも何人も子どもを育てたもので，今の若い世代は甘えているのではないかという批判が出てきそうであるが，これは現実を見ていないというべきだろう。現代の核家族とはちがって，かつては大家族であったから，子どものめんどうをみるのは親（母親）だけでなく，祖父母をアテにすることができたし，兄（姉）が弟（妹）のめんどうを見ることも頻繁におこなわれた。また，何よりも地域の力というか，社会力とでもいうべきものが健在であり，地域で子どもを育てているという雰囲気があった。いたずらをしたり，悪いことをした子どもがいれば，自分の子どもでなくとも，自分の子どもと同じように叱ったり，注意したりしたものである。そうした絆や信頼感が社会の中に醸成されていた。だが，現在では，社会の絆や信頼感は希薄になっているし，子どもたちだけを安心して外で遊ばせておけるような環境はほとんどなくなっている。特に，この傾向は都市部で顕著であろう。金銭的なコストだけでなく，親（特に母

親）の，子どもにかけなければならない金銭以外のコスト，シャドウ・ワークとでもいうべきものがべらぼうな大きさになっている。こうした現状を考えるとき，産みたくとも産めないという選択をすることを非難するわけにはいくまい。あとで問題にするが，むしろ安心して子供を産めるような環境を社会がととのえることを考えるべきだろう。この問題に関しては，社会全体が発想の転換を迫られているところがある。

　また，ライフスタイルの多様化にともなって，独身者であることを選択するひとも増えているし，たとえ夫婦であっても，いわゆるDINKS（共稼ぎで子どもをもうけない）を選択する場合も多い。これらは個人に即する限り，自由で合理的な選択という要素が大きく，高齢化のような危機意識に繋がるものではない。

　だが，社会的には少子化は大きな問題となる。高齢社会の問題点は，単に長寿化によって高齢者が増えるということではない。高齢者層を誰が支えるのかという問題であり，少子化によって，この高齢者層を支える層つまり社会の生産労働に従事する現役世代が先細っていくことが問題なのだ。高齢化率の上昇は少子化によって加速される。そして，この加速度が最も急な上昇カーブを描いているのが日本である。単なる高齢化ではなく，高齢化と少子化の同時進行が問題なのである。

　社会の生産労働に従事する現役世代の減少は，経済の衰退を招くことになる。個人の選択に即せば，子どもをもうけないことは合理的かもしれないが，社会全体として考えれば，経済の衰退を招き，そのツケはまわりまわって，不景気によって会社が倒産する，あるいは会社の都合で解雇されるといった形をとって，当の個人に返ってくる。個人にとっては合理的な行動であっても，それによって，社会的には不合理な結果を招来させることになる。

　日本においては，2005年の国勢調査で，ピーク人口1億2800万人に達せず，初めて人口減少が確認された。この年の合計特殊出生率（1人の女性が一生の間に産むであろう子どもの数の平均値）は過去最低の1.26であり，出生数も同じく過去最低で，106万2530人であった。それ以降，少し持ち

直したりはしているが，低い率で推移していることは変わらない。一般に，人口の増加と減少の分岐点は，合計特殊出生率が 2.07〜2.08 といわれている。この出生率は，日本の場合，かなり以前から 2 を割り込んでおり，それが時間差を経て 2005 年から，具体的な人口減少となって表れてきた。

図表 6-3 をみれば明らかだが，世代別の人口比率において，今後ある程度，高齢者も増加するが，それ以上に目立つのが 0〜14 歳の世代，さらに生産労働に直接携わる現役世代（15〜64 歳）の人口減少である。しかも今後は，この減少がこれまで以上に急激になると推定されている。2012 年の段階で，高齢者 1 人に対して現役世代は 2.6 人の割合だが，2040 年には現役世代 1.5 人，2060 年には現役世代 1.3 人と推定されている。つまり，2060 年には，1 人の高齢者を 1.3 人の現役世代で支えることになる。働いて稼いで年

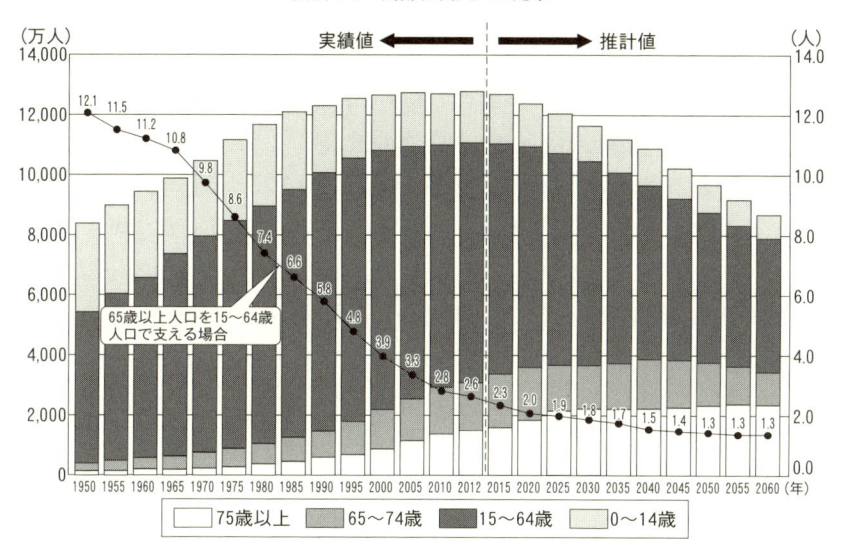

図表 6-3　高齢世代人口の比率

資料：2010 年までは総務省「国勢調査」，2012 年は総務省「人口推計」（平成 24 年 10 月 1 日現在），2015 年以降は国立社会保障・人口問題研究所「将来推計人口（平成 24 年 1 月推計）」の出生中位・死亡中位仮定による推計結果。

出典：『高齢化の状況及び高齢社会対策の実施の状況に関する年次報告　平成 25 年度』（『高齢社会白書　平成 25 年度』）。
http://www8.cao.go.jp/kourei/whitepaper/w-2013/gaiyou/pdf/1s1s.pdf

金と税金を納めて旺盛に消費する現役世代がどんどん減少し経済を衰退させる一方で，後期高齢者の急増によって高齢者医療・福祉の需要が爆発的に増加するという，悲観的な予想がでてくることになる。

3. 少子化・高齢社会と政治過程

このような少子化・高齢社会は，デモクラシーにどのような影響を与えるか。ここでは，とりわけ，デモクラシーにおけるもっとも重要な政治参加のチャネルである選挙を中心にどのような影響が現れるのかを瞥見し，さらに今後の方策について考えてみることにする。

(1) 少子化・高齢社会と選挙
(i) 高齢者の投票率が比較的高い（高齢者が政治参加に熱心）

現代においては，政治に対して，高齢者市民から圧力が大きくかかっている。アメリカでは，既に1950年代の初めに，高齢化が高齢者と若年層の間の「階級闘争」の危険をはらみ，高齢者の投票権が「若年層を搾取する」ために用いられる恐れがあるとし，投票年齢に上限を設ける法改正が必要だと指摘した論文もある（F. G. ディッキンソン 1951）。こうした危惧は，アメリカでは年を追うごとに強くなっていった。高齢者市民の政治的圧力の増大が「秩序ある社会にとって必要な勢力の均衡を脅かすのではないか」という懸念が出てきたのである（H. J. プラット『グレイ・ロビー』1976）[2]。

投票年齢の上限を設定するなどという考えが，簡単に容認されるようには思われないが，そういう議論が出てくるほど，事態は深刻化しているということだろう。この傾向は，急激な少子高齢化が進む日本においては，近年とくに顕著となっており，それだけ深刻さの度合が増している。

具体的にどのように搾取することになるのか。1つは，高齢者の絶対数が多くなっているのに加え，高齢者は一般に投票率が高いことがあげられる。日本では，投票率は年齢の上昇とともに高まる傾向があり，55〜65歳でピークを迎える。図表6-4は，衆議院議員選挙の年代別の投票率の推移を見

たものだが，60代，50代が高いという傾向がうかがわれる。高齢層の投票率の高さの理由については，高齢者が可処分時間に余裕があること，また定住性が高いために政治に関心度が比較的大きいことなど，さまざまに語られる。

いずれにしても，高齢者は政治参加に対して積極的であり，高齢化が進むにつれて，政治の舞台で高齢者市民が過剰代表される傾向が大きくなる。人口構成・投票率の世代ごとの対応などを加味したシミュレーションで，次の

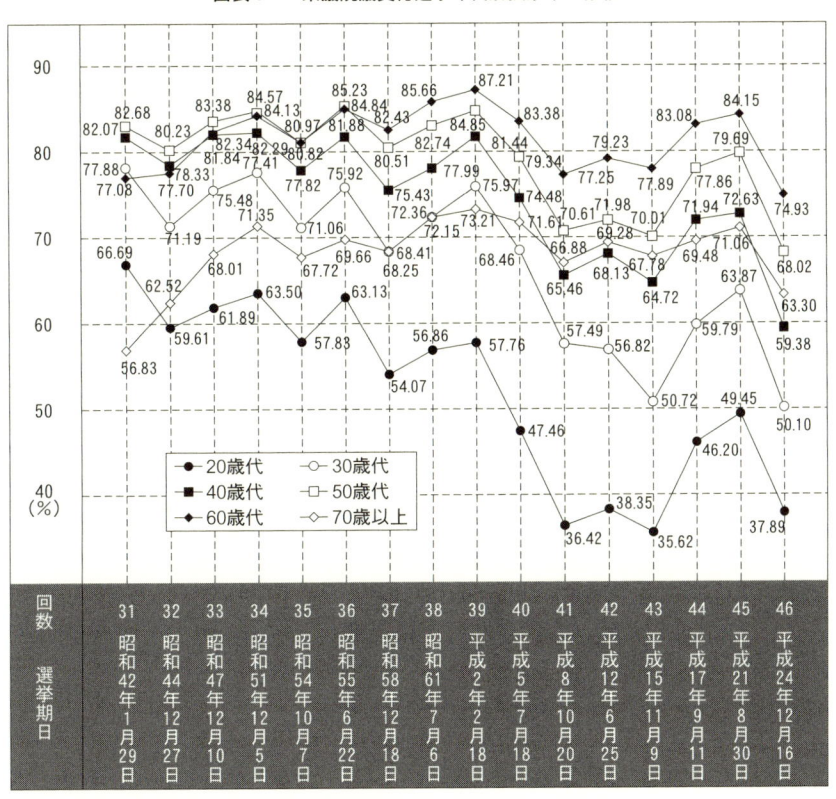

図表6-4　衆議院議員総選挙年代別投票率の推移

回数	31	32	33	34	35	36	37	38	39	40	41	42	43	44	45	46
選挙期日	昭和42年1月29日	昭和44年12月27日	昭和47年12月10日	昭和51年12月5日	昭和54年10月7日	昭和55年6月22日	昭和58年12月18日	昭和61年7月6日	平成2年2月18日	平成5年7月18日	平成8年10月20日	平成12年6月25日	平成15年11月9日	平成17年9月11日	平成21年8月30日	平成24年12月16日

年代	31	32	33	34	35	36	37	38	39	40	41	42	43	44	45	46
20歳代	66.69	62.52	61.89	63.50	57.83	63.13	54.07	56.86	57.76	47.46	36.42	38.35	35.62	46.20	49.45	37.89
30歳代	77.88	71.19	68.01	71.35	67.72	69.66	68.41	68.25	68.46	57.49	56.82	50.72	59.79	63.87	50.10	—
40歳代	82.07	77.70	81.84	82.34	80.82	81.88	80.51	82.74	81.44	70.61	68.13	67.78	64.72	71.94	63.30	59.38
50歳代	82.68	80.23	83.38	84.13	80.97	82.43	77.99	84.85	79.34	71.61	69.28	70.01	69.48	72.63	68.02	—
60歳代	77.08	78.33	82.34	84.57	75.48	85.23	85.66	84.84	87.21	83.38	83.08	77.89	77.86	84.15	74.93	—
70歳以上	56.83	59.61	75.48	77.41	77.82	75.92	72.36	73.21	75.97	74.48	71.98	70.01	71.06	79.69	68.02	—

（凡例：●20歳代　○30歳代　■40歳代　□50歳代　◆60歳代　◇70歳以上）

資料：公益財団法人　明るい選挙推進協会。
出典：「公益財団法人　明るい選挙推進協会」ホーム・ページ。
　　　http://www.akaruisenkyo.or.jp/070various/071syugi/693/

ような結果が得られている。

　　2003 年　　高齢者比率 26%　　　投票者中の高齢者比率 30%強
　　2030 年　　高齢者比率 33%　　　投票者中の高齢者比率 46%

　これは逆に云えば「若壮年層の過小代表性」を意味するわけだが，考えてみれば異常な事態であり本末転倒である。というのも，その社会の主力である現役世代の要求の受け入れが相対的に低くなり，すでに現役を終えた世代の要求を中心に据えることを意味するからだ。

　先進国においては，選挙で間接的に代表者を選ぶという受動的な役割に限定される代表制デモクラシーは飽きられているところがあり，それは投票率の低下にもあらわれている。そこで直接的な参加を目指す参加デモクラシーが注目されるようになってくる。例えば，余暇の時間を割いて地域での活動に参加したり，さまざまな団体をつくって自己主張をしたり，といったように。この参加デモクラシーにおいても高齢者市民が活動的である。なぜか。ここでも，高齢者の定住性の高さと，可処分時間の多さが大きな要因となる。

　地域社会との関連でいえば，高齢者はいわばその地域に終日とどまっており，地域密着の度合が高いのに対し，若・壮年層では学校や会社が比較的離れたところにあったりして移動性が高い。都市部ではその傾向は一段と高まる。また，高齢者の場合は，自分が現在住んでいる地域が終の住処という場合が多いであろうが，若・壮年層では，一時的にそこに住んでいるという場合が多い。したがって，高齢者は地域の出来事，政治に対して積極的にかかわりやすい。さらに，一般に高齢者は可処分時間（余暇時間）が多く，その時間を地域社会の政治参加に使うことができる。一方，若・壮年層では，そうした時間的な余裕も精神的な余裕も持てないというのが現状であるから，結果的に地域社会の政治に対しても，消極的なかかわり方をする傾向にある。いま，地域社会とのかかわりについて，もっぱら問題にしたが，こうした高齢者市民の政治参加の積極性は，さまざまな領域で発揮されていくであろうことは想像に難くない。

　もちろん，高齢者市民の積極的な政治参加はいいことである。問題は，そ

れが結果的に，若・壮年層の声（声なき声）を圧殺していくように作用する場合である。もちろん，この場合でも，高齢者市民には何の責任もないことは云うまでもない。だが，この現実を何らかのかたちで変えていかないかぎり，危機はますます増幅されていく。

(ii) 選挙争点として身近な生活問題が重視される

選挙に占める高齢層市民の比重が大きく，立候補者からすれば，高齢層市民を無視しては選挙は戦えない。当然のことながら，相対的にも，絶対的にも，投票者としての高齢層市民の重要度はあがってくる。これは逆に云えば，若・壮年層市民の投票率が相対的・絶対的に低く，したがって政治においては軽視されていくことを意味する。立候補者もそれを反映して選挙戦を戦う。高齢者中心の政策が打ち出され重要視され，逆に若・壮年者軽視の政策が軽視される傾向を生む。

具体的に言えば，若・壮年層市民からすれば，＜景気や税金といった経済対策絡みの生産者型の政治争点＞が好まれるのに対して，高齢者市民からは＜福祉や年金，介護といった生活者型の政治争点＞が好まれることになる。高齢者市民からすれば，迫りくる老後の，またその真っただ中にある自分たちの生活が，最も切実な問題となることは容易に予想がつく。働く資本となる頑健な身体があり，働けば収入を得ることができる青・壮年期とは異なり，老年期になれば，身体は思うようにならず病気がちで，仮に働きたくとも働く場所がないのが現実である。計画的に老後の生活設計をしてきた人であっても，こと収入に関して言えば現役時代よりもはるかに少なくなるわけで，生活について心細いことこのうえないという状態になる。このような高齢者市民からすれば，直接的な生活こそが関心事で，迂回を要するような国家的大問題，例えば行政改革とか，財政再建だとかについては，否定的とまでは云わないとしても比較的消極的な対応をすることになる。

図表 6-5 は，みずほ総合研究所調査本部が，2012 年第 46 回衆議院議員選挙について，世代ごとの望ましい政策をまとめたものである。お分かりのように，たとえば，財政再建は将来世代にとっては早急に着手してもらいたい問題になるが，シニア世代ではできれば先送りしてもらいたい問題となる。

シニア世代にとっては，目先のこと，直接生活にかかわることが重要になる。「期待する歳出分野（例）」でも，同じ傾向が見て取れる。シニア世代では「医療や介護への支援」であるのに対し，現役世代では「子育て支援・雇用対策」，将来世代では「長期的な成長力を高める経済政策」となっており，本来ならば，これらをバランスよく実現していく必要がある。だが，後で見るように，予算配分に典型的にあらわれるように，そのようにはなっていない。

　また，後でもう一度問題にするが，社会全体という視点も逸することはできない。このみずほ総合研究所のレポートでは，「これまでの政策運営で時にみられたような「福祉や公共事業は大きく負担は軽く」[3]といった路線は，長期的に維持していくことはできない。そのような歪みが財政への負荷となって公的債務の累積をもたらし，将来世代の肩に覆いかぶさろうとしている」と周知の危機を明示したうえで，「現在の政策が後代にも大きな影響を与える以上，未来の国民である将来世代にも配慮した責任ある選択が望まれ」るとしている。たいへんもっともな指摘である。だが，「福祉や負担，政府の大きさを基準に各党の位置取りがもう少し明確なものとなっていればよいが」，二大政党である民主と自民の政策提言には「明瞭な差異を見出しにくく，むしろ重なり合う面が大きい」。また「高齢者と若者あるいは将来

図表 6-5　シニア世代・現役世代・将来世代にとって望ましい現在の政策

	シニア世代	現役世代	将来世代
財政再建についての見方	将来的な財政再建	← →	早期の財政再建
歳入確保のための早期の増税	望ましくない		望ましい
社会保障についての関心	当面の社会保障のレベル感	← →	長期的に持続可能な社会保障
給付の抑制	望ましくない		望ましい
期待する歳出分野(例)	医療や介護への支援	子育て支援・雇用対策	長期的な成長力を高める経済政策

資料：みずほ総合研究所作成。
出典：内藤啓介・野田彰彦「多党混戦の衆議院選挙の焦点」，『みずほインサイト』2012年12月12日，みずほ総合研究所調査本部。
　　　http://www.mizuho-ri.co.jp/publication/research/pdf/insight/pl121212.pdf

世代といった対立図式がみられてもよいはずであるが，主な政党は双方への配慮を示しつつも，どちらかといえば高齢者向きの政策を掲げているところが多い」という点で共通している。せっかく，小選挙区（比例代表並立）制を導入して，二大政党制が根づき恒常的な政権交代が可能になりつつあったのに，差異化を図れないというのでは何のための二大政党制なのか，両政党の政治家の見識を疑うところである。さらにまた，両政党ともに，選挙で多くの票が望める，高齢者向けの政策を優先させるとなると，複雑な気持ちになる。確かに，政治家には，また政党には，選挙に勝ってなんぼという側面があるから，票を見込める政策を打ち出すのもわかる。だが，それが大票田に対する単なる迎合であるならば問題であろう。

　先に，少子化に関して，子どもをもうけないという，個人としての合理的選択が，必ずしも社会全体の合理的選択にはつながらず，逆に個人にとっても不合理な結果をもたらしてしまう点について触れた。政治は，ある特定の個人の要求をかなえるためにあるわけではないし，ある特定の階層や年齢層の要求をかなえるためにあるわけでもない。この際，政治が社会全体の利益を対象として，おこなわれるべきものであることを強調しておく必要がありそうだ。ここで社会全体というとき，社会を単なる個人の総和と見立て，最大多数の最大幸福を目指すといった功利主義の原理を主張しているわけではない。そうではなくて，むしろ，そうした個人の総和とは別の次元にある実体として社会を考え，それを対象とすべきだという主張である。功利主義の社会ノミナリズムに対して社会リアリズムを主張するものであり，この場合の社会は全体性の性格を帯びており，空間的にのみならず，時間的な広がりを持つものとして考えられるべきものである。つまり，過去を分析し，それを基にして，将来を展望したうえで得られる全体像の中において考え，個人の幸福へと還流できるような政策の提言をおこなう。そうした視点を踏まえて，政策を打ち出すのでなければ──そうしたグランド・デザインを描いたうえで，政策を画定していくのでなければ，単なるポピュリズムに堕してしまう。

　ここでの問題でいえば，少子化についての具体的な提案がほとんどないと

いうことである。民主党が政権をとった2009年の衆議院議員選挙のマニフェストには，子ども手当や公立高校授業料の無償化などが，具体的な数値を挙げて掲げられていた。政権をとるや，民主党がお粗末だったといえばそれまでだが，こうした政策についてはなし崩し的にうやむやにされていった。だが，2012年の総選挙では，民主も自民も少子化についての具体的な形での提言は少なかった。高齢者への福祉については語られても，子どもを産み育てる現役世代への配慮は大きくはなかった。この選挙では，投票率は世代をとわず全般的に低く，59.32%であった。その前の，民主党が政権をとった選挙では69.28%であったから，2012年選挙に対して，いかに有権者が白けていたかがわかる。少子高齢社会対策だけでなく，財政改革，東日本大震災の後処理，TPP問題等，問題が山積していたにもかかわらず，この低調さである。そのこと自体が，日本の民主政治の危機を表している。

確かに，少子化がもたらす危機についてはわかりにくい。だが，政治は単に国民の要求を吸い上げるだけではなく，国民には見えにくい，こうした危機の脈絡を示し，国民の注意を喚起することが必要である。国民に対して甘言を弄するだけでは，真の政治家とはいえまい。選挙の票に結びつく，つかないに関係なく，云うべきことは云うというだけの胆力と誠実を，政党や政治家は持たなければならない。

(2) 少子化と高齢化に対する予算配分

(1)の結果として，高齢者に厚く，若壮年層に薄い予算配分がなされることになる。これは，高齢者関係給付費と児童・家族関係給付費を見てみればよくわかる（図表6-6）。この図表について，増田雅暢の簡にして要を得た説明があるのでそれを借用してみる。「これを見ると高齢者関係給付費と児童・家族関係給付費がひと桁も違うのです。2004年度の社会保障給付費は全体で約86兆円ですが，その7割は高齢者関係であり，60兆6000億円となっています。一方，児童・家族関係給付費は，社会保障給付費全体の約4%，3兆円にすぎないのです。高齢化の進行により高齢者が増えているので年金や医療，介護と大きくなるのは当然ではないかといわれるかもしれませ

んが，高齢者人口または子ども人口で割ると，高齢者1人当たり236万円に対して，児童の場合には1人当たり17万円です。これではあまりにも差が大きすぎます」[4]。少子化による社会危機の招来，高齢者関係給付費と児童・家族関係給付費の割合，とりわけ高齢者1人当たりと児童1人当たりの給付費といった予測と現実を知ったならば，国民は唖然とするのではないか。

図表6-6 社会保障給付費における高齢者関係給付費と児童・家族関係給付費の推移

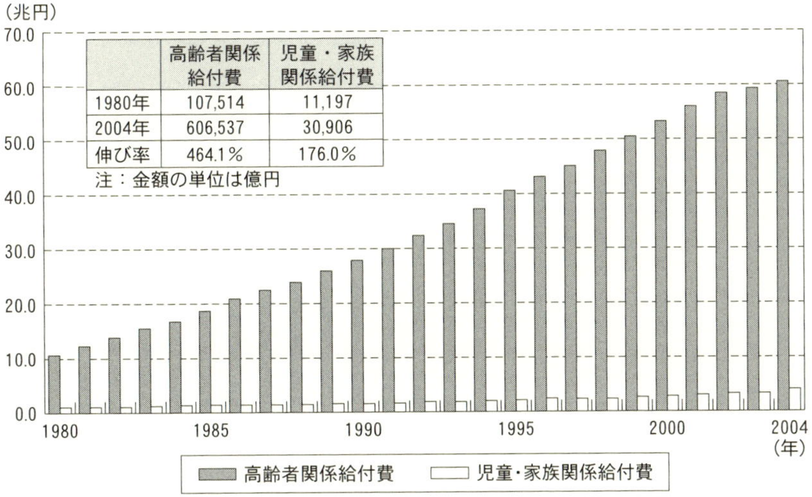

	高齢者関係給付費	児童・家族関係給付費
1980年	107,514	11,197
2004年	606,537	30,906
伸び率	464.1%	176.0%

注：金額の単位は億円

資料：国立社会保障・人口問題研究所「社会保障給付費」。
出典：『平成18年版　少子化社会白書』。
　　　http://www8.cao.go.jp/shoushi/whitepaper/w-2006/18pdfgaiyoh/pdf/ig120000.pdf

こうしたアンバランスに加えて，日本の家族政策に関する財政支出の規模（GDP比）は，国際的にみても小さい（図表6-7）。要するに，この点でも若壮年層に対してのケア（配慮）がなさすぎる。高齢社会の諸問題や高齢化率の上昇に少子化が大きくかかわっていることが注目されるようになったのは，2000年代に入ってからという事情があるにしても，この児童・家族関係給付費の絶対額の少なさも，国民が知れば唖然とするのではないか。

この高齢者向けと児童向けの給付予算配分のアンバランスに触れて，増田

150　第6章　少子高齢社会とデモクラシー

は次のように指摘している。

　「私は単純に高齢者関係給付費を削って児童に回せというのではなくて，そもそも児童・家族関係に対してもっと社会的な支援を広げるべきではないかと思います。これまで日本社会では，教育費用や子育て費用は家族が責任を持って対応すべきだという意識や行動が強すぎて，その結果社会的支援が乏しくなったのではないかと考えています」[5]

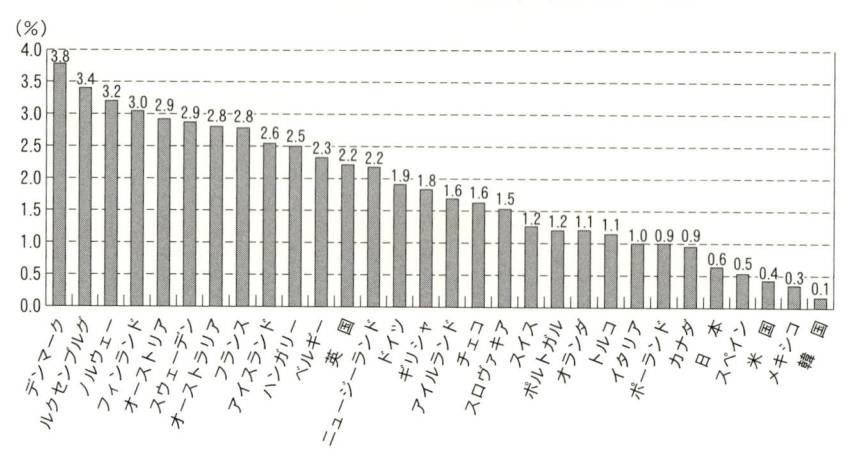

図表6-7　各国の家族政策に関する財政支出の規模（対GDP比）

(%)
国	比率
デンマーク	3.8
ルクセンブルク	3.4
ノルウェー	3.2
フィンランド	3.0
オーストリア	2.9
スウェーデン	2.9
オーストラリア	2.8
フランス	2.8
アイスランド	2.6
ハンガリー	2.5
ベルギー	2.3
英国	2.2
ニュージーランド	2.2
ドイツ	1.9
ギリシャ	1.8
アイルランド	1.6
チェコ	1.6
スロヴァキア	1.5
スイス	1.2
ポルトガル	1.2
オランダ	1.1
トルコ	1.0
イタリア	0.9
カナダ	0.9
ポーランド	0.6
スペイン	0.5
日本	0.4
米国	0.3
メキシコ	0.1
韓国	

資料：内閣府経済社会総合研究所編「フランスとドイツの家庭生活調査」(2005年)。
データ出所：OECD Public Social Expenditure.
注1：データはトルコのみ1999年。他はいずれも2001年。
注2：家族政策財政支出とは，児童手当，育児休業手当等の現金給付と保育所等サービス給付の合計。税制上の措置は含まれない。
出典：『平成17年版　少子化社会白書』。
　　　http://www8.cao.go.jp/shoushi/whitepaper/w-2005/17PdfGaiyoh/pdf/hg150000.pdf

家族の在り方も変わり，若い人たちが子どもをもうけ育てることが困難になってきているという現実がある。社会を担う層がどんどん薄くなり，まわりまわって自分たちのクビを絞めることになる。子どもは社会の財産であり，社会全体で育てていくべきものだと，考え方を変えていかなければなら

ないのではないか。こういうところをこそ，国民に理解してもらい，政治的な課題へと組み込んでいくことが重要である。政府や政治家の力量が問われるのは，こうしたところなのだ。最後に，デモクラシーとの関係でこの問題を考えてみる。

4. 少子高齢社会におけるデモクラシーの展望

　これまで述べてきたことで特に問題なのは，社会の生産活動に主として従事している現役世代があまり顧みられず，高齢者に手厚い政策になっていることである。それが，子どもを産まない（産めない）こと，つまり少子化につながり，将来的なことを語れば，社会の活力がますます衰えていくことにつながる。この状況をどのようにして変えていくことができるか。デモクラシーとの関連で考えるならどうなるか。
　内田満がいうように，近代デモクラシーの原理は，極端なことを云ってしまえば「納税者デモクラシー」（＜市民＞デモクラシー）であった。「笛吹きにカネを払う者が曲目を決定する権利をもつ」という言葉や，革命期アメリカのスローガンとなった「代表なければ課税なし」という言葉は，この権利＝義務関係をあらわしたものである[6]。近代デモクラシーは，当初は制限選挙制であった。政治を動かすには当然予算が必要である。その予算はどこから来るか。税金である。その納税の義務を果たしていない者は，政治に参加する資格がないというのがその論理だ。もちろん，その後の普通選挙制には，この制限選挙制の論理を打ち破る論理があったわけだが，そうであっても，「笛吹きに…」や「代表なければ課税なし」という言葉には一定の真実が宿っていることを認めないわけにはいくまい。現在の少子高齢社会のもとで実現されている政策を見るかぎり，「納税者デモクラシー」ではなく，内田の言葉を借りれば「年金受給者デモクラシー」であり，言葉は悪いが「代表ありて課税なし」なのである。これはどう見てもバランスを欠いているといわなければならない。むしろ，逆に生産労働に主として従事している現役世代に配慮した政策の実現を目指すべきであろう。

とはいえ，この問題を単に現在の予算配分を変えろといった単純な問題に帰するわけにはいかない。それでは，おそらく本質的な解決にはならない。単純な多数決デモクラシーは修正されるべきだと私は考えるが，これを単に予算配分の変更で乗り切るという考え方は，功利主義的な数の論理を推し進めるものであり，社会全体を個人の数の総和としてとらえる論理である。だが，先に述べたように，社会は個人とは別の次元にある実体と考えられるべきである。このような社会の全体性において政策を立案すべきなのである。

　高齢者市民の声は相対的に大きい。選挙においても，少子高齢社会のさらなる進展に伴って，高齢者市民の過剰代表性はますます大きくなっていくことが予想される。だが，その「数の論理」をそのまま政策に反映させようとすれば，高齢者に厚く，現役世代に薄いというアンバランス政治をますます加速させるだけで，問題をさらに深刻化させるだけだ。この状況は，多数決デモクラシー（majoritarian democracy）の考え方では解決がつかない。むきだしの「数」の論理の追求は，「多数者の専制」（この場合は，高齢者の専制）状況を生みだし，社会的緊張と世代間の政治的利益の対立を深刻化させ，デモクラシーの基礎を揺るがすことになりかねない。

　デモクラシーにおいて最終的には多数決の原理で決せられるにしても，それは十分な討議を経たうえでのことである。多様な意見を比較考量し議論をすることによって，相対的に最も妥当であるとおもわれるような合意に到達するというのがデモクラシーの理念であることを，もう一度想起する必要がある。いわば，この多様な意見を比較考量し議論するというプロセスがデモクラシーの生命線であり，このとき「私」を離れた「公共空間」（あるいは「私」と「公共空間」の関連性）に到達するのであって，それを抜きにして多数決を主張するとすれば，むき出しの「私」の要求の間の闘争に，単に「数の論理」で決着をつけるだけにすぎなくなる。デモクラシーのいいところは，多様な意見の存在を容認し，それを財産として活用して，社会の全体性という公共空間を構築していくところにあるのであり，そのために議論のプロセスは不可欠である。これを抜いてしまうことは，デモクラシーの死に他ならない。

注

1) この段落は，内田満（1986）『シルバー・デモクラシー——高齢社会の政治学』有斐閣，を借りて，プロローグと第1章を中心に適宜まとめた。
2) この段落は，内田前掲書，第5章を中心に適宜まとめた。
3) この段落における引用は全て，内藤啓介・野田彰彦（2012）「多党混戦の衆議院選挙の焦点」『みずほインサイト』12月12日，みずほ総合研究所調査本部，8頁より。
   http://www.mizuho-ri.co.jp/publication/research/pdf/insight/pl121212.pdf
4) 増田雅暢（2008）「高齢化社会の中の少子化対策」岩村正彦編『高齢化社会と法——現状とこれからの課題』有斐閣，263-4頁。
5) 同前，264頁。
6) 内田前掲書，156-161頁参照。

参考文献

引用書以外に以下の著作も参考にした。
金子勇（2006）『少子化する高齢社会』日本放送出版協会。
足立正樹（2006）『高齢社会と福祉社会』高菅出版。
宮本太郎（2008）『福祉政治——日本の生活保障とデモクラシー』有斐閣。
岩村正彦（2008）「高齢化社会と法」岩村正彦編『高齢化社会と法——現状とこれからの課題』有斐閣。
田邊國昭「高齢化社会と政治」岩村正彦編，前掲書。

第7章

死 生 観

1. 細胞死と生物死

　地球46億年の歴史を顧みると，今から38億年前に単細胞生物が生まれたと考えられている。当時，地球上に存在した水素（H），酸素（O），窒素（N），炭素（C），リン（P）などの無機物が宇宙線や熱によって，化学反応を起こし有機物が生成（化学進化）され，生物が誕生したと考えられている。その後，28億年という気の遠くなるような長い年月をかけて，多細胞生物が誕生した。さらに5.4億年前に神経系が誕生したのである。

　ところで，生物とはどのようなものを指すのであろうか。生物の条件は，下界との境界があること，子孫を残すことができること（自己複製），自分自身を維持することができること（代謝）の3条件である。代謝とは，異化と同化から成り立ち，異化は糖を取り込み，それを分解し二酸化炭素と水にし，その過程でエネルギーを引き出す反応である。同化とは，異化によって得られたエネルギーを使って，下界から得られたアミノ酸を結合させ，タンパク質を作る反応である。簡単に言えば，エネルギーを消費してより単純な化合物から自身の体を構成する部品を作り出す反応ともいえる。ここで注意しなくてはならないことが1つある。それは，インフルエンザなどの原因となるウィルスである。ウィルスは自己複製ができない。ウィルスは，ヒトなどの宿主に侵入し，自分の遺伝情報（RNAあるいはDNA）を宿主の核内に移植し，宿主がウィルスの遺伝情報をあたかも，自分の遺伝情報と誤認し，ウィルスのタンパク質を作ることによって増殖するのである。従って，ウィルスは自己複製能力がなく，生物ではない。

1. 細胞死と生物死

　単細胞生物はやがて，群体（単細胞生物が集まって生活しているもので，多細胞生物への移行段階。普通は細胞による機能分担はない。その後，ボルボックスのように数万個の細胞からなる群体では，細胞による機能分担が見られるようになった。）へと進化し，多細胞生物が10億年前に出現した。多細胞生物は複数の細胞で1個の個体を形成する生物を指し，各細胞は機能を分担している。細胞間の情報伝達には，様々な物質が信号として用いられている。

　その後，生物は自己複製の方法として，性に関係しない無性生殖（多くの単細胞生物，イソギンチャク，サツマイモ，酵母菌，多くの植物，カビ，キノコなど）と性を有する有性生殖を作り出した。無性生殖は，増殖効率は高く，親と子の遺伝子は胞子生殖以外同じであり，環境変化に弱いという特徴がある。一方，有性生殖では増殖効率は悪いが，親と子の遺伝子は異なり，環境変化に強いという特徴があった。有性生殖を行うための生殖細胞は配偶子と呼ばれ，動物では普通，雄と雌では形の違う配偶子を作る。その場合，雄の配偶子を「精子」，雌の配偶子を「卵子」という。高等な真核生物の配偶子は，染色体を2セットもつ「二倍体」である。ヒトの場合は，1セット23種類の染色体を2セット，つまり46本の染色体を持っている。卵子や精子は，1セットの染色体だけを含む「1倍体」細胞である。1倍体の卵子や精子が融合してできた，2倍体の受精卵が新しい個体の出発点となる。

　このように，生物に誕生があれば寿命（死）もある。しかし，無性生殖で増える生物は，基本的に死は存在しない。細菌は栄養の枯渇がない限り，無限に増殖できる。しかし，有性生殖で子孫を残す動物は，最大寿命がほぼ決まっている。ラットは3年，ゾウは80年，ヒトは120年，ウミガメは170年といわれている。有性生殖は，新しい遺伝子の組み合わせを作り出し，よりよい遺伝子の組み合わせの個体がより長く生き延びることができるように設計されているのである。当然のことながら，遺伝子の組み合わせが悪いと，流産や死産を招いたり，出生後早期に死に至るのである。個体（生物）の死は，やがて個体を構成していた無機物（H, O, N, Cなど）に帰っていくのである。つまり，有機物から無機物に戻るのである。個体（生物）

にはリン（P）が含まれていたことから，万葉集第16巻でも，「人魂（ひとだま）のさ青なる君がただひとり逢へりし雨夜の葉非左し思ほゆ」と人魂の存在が記されている。人魂とは，夜間に空中に浮遊する火の玉である。古来，死人の体から離れた魂といわれていた。しかし，実際には土葬された遺体から遊離したリンが夜に雨水と反応して光る現象と考えられている。

ここまでは，個体（生物）死について触れてきたが，実はもっとミクロなレベルでは，細胞死が存在する。細胞の死に方には2種類ある。1つはプログラムされた細胞死（アポトーシス）であり，もう一方は，壊死（ネクローシス）である（図表8-1）。アポトーシスは，細胞が自らプログラムによって自殺する場合の死に方で，細胞は縮小し核は濃縮してDNAが切断され，アポトーシス小体という小さな袋に分かれる。アポトーシスを分子レベルでみると，ある死のシグナルを細胞が受け取ると，細胞のDNAにある特定の遺伝子が働いてアポトーシスが起こる。成長する過程で不要になった細胞や，DNAが傷ついて修復が不可能の細胞を処理するため引き起こされる細

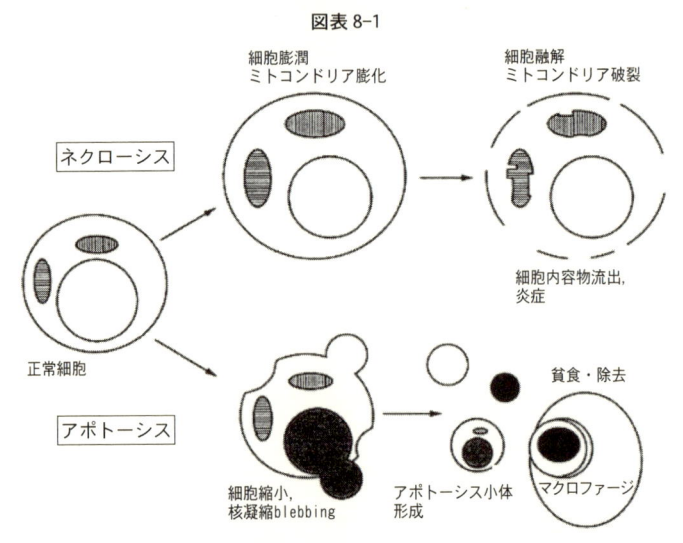

図表 8-1

出典：日本獣医師会Webサイト，放射線診療技術研修支援システム，放射線防護技術編，参考資料。http://www.020329.com/x-ray/bougo/contents/chapter3/3-1-ref07.html
参照日：平成26年2月18日。

1. 細胞死と生物死　157

胞の死である。この現象は，がん，ウィルス感染，薬剤や放射線でも起きる。ネクローシスは外因によって，細胞が死に陥る場合に生じる。細胞がネクローシスを起こすと，細胞本体やミトコンドリアなどの細胞内構造が膨張する。次いで細胞膜が破れ，細胞の中身が細胞外へ出る。例えば，熱傷や打撲など，突発的な外部の原因によって細胞の生命活動ができなくなった場合の死である。このミトコンドリアの損傷と細胞外への放出は，本来，生体に異物であったミトコンドリアDNAが細胞外に放出されることになり，生体に強い炎症反応が生じる原因になる（老化の生物学で紹介済み）。

　このように細胞レベルでも，細胞死が発生しているにも関わらず，がん細胞は細胞死どころか，増殖を続け個体死（宿主の死）まで引き起こす。この原因はどこにあるのだろうか。

　細胞の寿命を決定する因子であるテロメアが鍵となっている（図表8-2）。テロメアは染色体の両端に存在し，細胞分裂ごとに短くなっていく。テロメアが，ある長さに達するまで分裂して短くなると，細胞が老化することが明

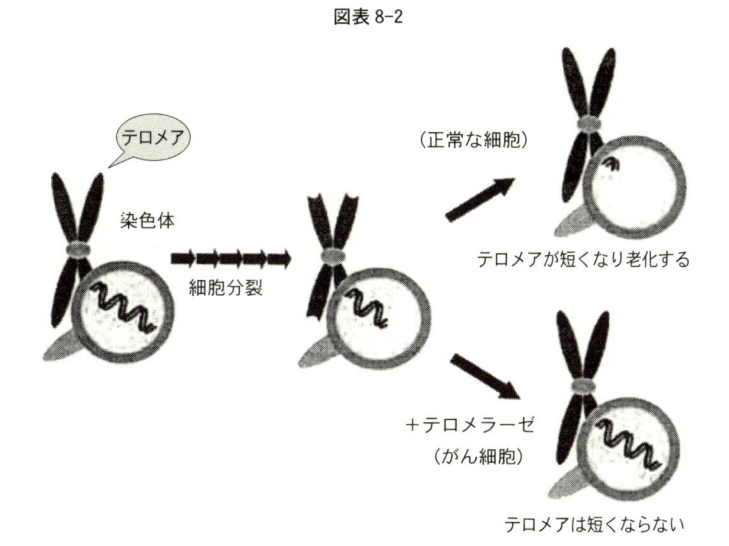

図表 8-2

出典：健康長寿ネットWebサイト。http://www.tyojyu.or.jp/hp/page000000500/hpg000000466.html　参照日：平成26年2月18日。

らかとなっている。しかし，がん細胞は，テロメアの末端を伸長させることができる，テロメラーゼという酵素を持っているため，無限に増殖することができる。

動物の体を構成する細胞が分裂できる回数には限りがある。これを「ヘイフリックの限界」というが，その限界は細胞が由来する組織や生物の種類によって決まっている。ヒトの胎児から採取した細胞では，約50回の分裂が可能である。限界まで分裂した細胞を老化細胞，その状態を細胞老化と呼ぶ（図表8-3）。細胞も個体と同様に老化するのである。

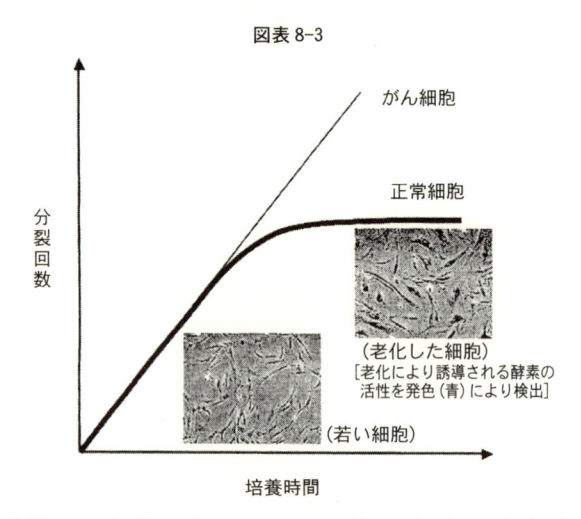

図表8-3

(縦軸: 分裂回数　横軸: 培養時間)
がん細胞
正常細胞
(老化した細胞)
［老化により誘導される酵素の活性を発色（青）により検出］
(若い細胞)

出典：健康長寿ネット Web サイト。　http://www.tyojyu.or.jp/hp/page000000500/hpg000000466.html　参照日：平成26年2月18日。

2. 感情の芽生え

死生観は，人それぞれであり，その人の育った環境，社会的背景，その時代により異なる。本章では，人の感情はどのように形成されてきたか，死の恐怖はどのようにコントロールされるのか，あるいはコントロールされないのか。生物の神経系発生から，哺乳類でどのように感情が芽生えてきたのか

を紹介する。

　神経系の発生は今から5億4000万年前のカンブリア紀に遡る。海中に多細胞生物が出現し，数千万年の間に，無数の奇怪な形をした動物種が作り出された。これが「カンブリア紀の生物ビックバン」といわれる時代である。カンブリア紀の動物は，体を動かす仕組みとして神経節を持つようになった。これが脳の起源と考えられる。その後，脳として認知されるまで進化するのに，5億年の歳月が必要であった。

　ヒト胎生期の脳形成過程は，受精後17日頃にすべての神経系の元になる神経板ができる。受精後3週間くらいに神経板からチューブ状の神経管ができる。発生の初期に胚の背中の中央を縦に走る神経管を作り出し，次いでこれを様々な方向に，その長さや太さを成長させて，脳や脊髄を形成する。

　卵子が受精して3週間経つと，長さ2mmほどの「神経管」が胚の中にできる。神経管は生命進化の歴史では前述のごとく5億4000万年前（カンブリア紀）の脊椎動物の出現に遡ることができる。38億年前の生命誕生から32億年間の歴史（5億4000万年前のカンブリア紀まで）を，ヒトの脳はその発生過程を3週間で駆け抜けたことになる。ヒトの脳の発生は生命進化の過程を忠実に再現しながら，短時間で通過している。

　脳の構造は嗅脳（匂いを嗅ぐ）に始まり，大脳（爬虫類まではサイズが小さいので終脳と呼ばれる），間脳，中脳，後脳と続き，延髄，脊髄で終わる。脳の重量はヒトと同じ体重にして比べると，魚類，両生類，爬虫類はヒトの1/150と極めて小さい。爬虫類までは嗅覚に関する情報が中心で，「大脳新皮質」はほとんどない。従って，爬虫類までは一般的な記憶力に欠けている。大脳辺縁系（limbic system：図表8-4）は，哺乳類では喜怒哀楽の感情を生み出すが，爬虫類では，匂いを感じそれを本能的行動に直結する部分だけが出来上がっているにすぎない。

　哺乳類では大脳新皮質が大幅に拡大された。それにより，嗅覚以外に視覚など哺乳類が素早い行動をとるために必要な情報が，脳に数多く取り込まれるようになった。大脳辺縁系も嗅覚以外の感覚に対応するようになり，喜怒哀楽のセンターとなった。このようにしてヒトでは哺乳類らしい怒りや恐

図表 8-4

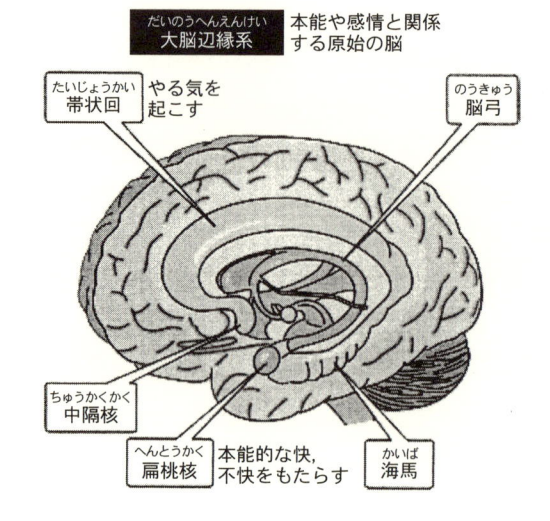

出典：医療法人秀友会・札幌秀友会病院 Web サイト。http://www.shuyukai.or.jp/about_brain/structure/limbic_cortex.html　参照日：平成 26 年 2 月 18 日。

怖，攻撃，愛，嫌悪の感情が出現した。

　前頭連合野は額のすぐ裏側に位置し，脳の進化の過程で著しく発達した部分である。この部分は高等動物ほど大きくなり，大脳皮質に占める割合は，ネコ 4％，イヌ 7％，サル 12％，ヒト 30％となり，ヒトが最も前頭連合野の体積が大きくなった（図表 8-5）。

　そこで，ヒトにおいて著しく発達した前頭連合野の働きを紹介すると，以下のことが明らかとなっている。

a．自我，意識の中枢，注意，判断，意思決定，思考，計画性などの知的機能を司る。

b．大脳辺縁系が司る本能的欲求や情動（喜怒哀楽や恐怖）を抑制し，調整する。

このため前頭連合野は脳の最高器官であり，「知性の座」[1]とも言われている。前頭連合野は，人生の経験から得た全ての情報や知識を組み合わせ，自己観察と認識・思考を意識的に行うことができるヒトに特有な働きをしてい

図表 8-5

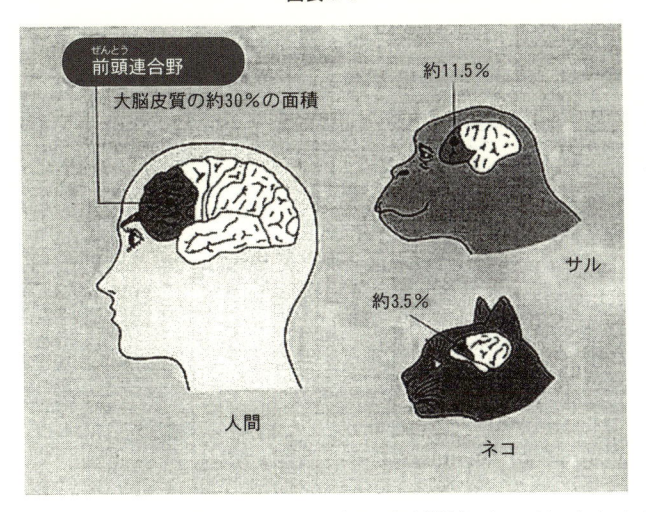

約11.5％ サル
前頭連合野 大脳皮質の約30％の面積
約3.5％ ネコ
人間

出典：東京都神経科学総合研究所 Web サイト。（脳の高次機能）。http://twin.igakuken.or.jp/neuro/02/kouji.html 参照日：平成 26 年 2 月 18 日。

る。そして，人間らしい心（情動を抑制し調整できる）を生み出すこの脳の部位は，時として，目的の為に自己犠牲を払うような決断も可能にした。自己犠牲の代表例は，武家時代の割腹であり，第2次大戦時の日本の特攻攻撃である。

この前頭連合野こそが死生観に大きな影響を与える部位である。前頭連合野を全てのヒトが同じように使っているわけではない。多くの苦悩を抱え，死に向かうヒトもあれば，前頭連合野をほとんど使わず，大脳辺縁系中心に人生に快楽を求め，いたずらに死の恐怖から逃れたい人々も少なからず存在する。

3. ヒトの死とその瞬間

ヒトはどのように死んでゆくのだろうか。筆者は脳神経外科専門医として，救急医学専門医・指導医として，今まで数限りなく，死の現場に立ち会

い，死亡を確認し，死亡診断書や死体検案書を書いてきた。残念ながらその数は1000名を超えている。その実体験から臨終の状況を述べてみたい。現在の医師のなかには，もう手立てがなくなり死を待つだけの患者に，残念ながら興味を示さない医師も少なくないのも事実である。患者の苦痛や家族の心情に関心を示さない医師も少なくない。ガン末期の緩和医療医にはこのような医師は少ないと思うが，急性期疾患を扱う医師には残念ながら存在するのである。我々は死を目撃するが，死の経験はない。死の瞬間を実体験として語るのは困難であるが，患者の死ぬ様子を医学的に語ることはできる。

　救急医療現場の臨終場面は，死の直前まで会話をしていながら，突然心停止することはない。徐々に血圧が低下し，食事摂取は不可能になり，点滴（高カロリー）を続けている状態となる。意識も混濁し意識障害となっている。ここで，血圧低下とはどのような状態であるか説明しておく。

　血圧が低下すれば，当然，脳を含めた全身臓器の血流低下が発生してくる。血液は全身の約60兆個の細胞に，酸素とエネルギー源としてのブドウ糖を運搬する働きがある。従って，血流低下は脳を含めた全身の細胞機能の低下をもたらし，その結果，臓器機能障害（腎不全，肝不全，心不全など）や意識障害（脳機能障害）を惹起させることになる。特に収縮期血圧が90mmHg以下をショックといい，極めて危険な状態である。これ以上，血圧が低下し続けると，これらの機能障害は回復不能な状態に進行していくことになる。このような状況に陥ると患者には，死の恐怖など存在しなくなる。何故ならば，脳の血流低下により神経細胞の機能が低下すると，意識が障害され始めるからである。前頭連合野の機能も著しく低下するため，冷静に現状を認識するのは困難となる。ショック状態が遷延すると，感情の中枢である大脳辺縁系も血流障害から，機能が障害される。その結果，感情（恐怖，安らぎ，怒り，喜びなど）も存在しなくなる。この時期を第三者が見れば，眠っているように見えるはずである。しかし，睡眠とは明らかに異なる。ヒトは夢をレム睡眠（浅い睡眠）時にみる。この夢を見るためには大脳皮質が多少なりとも働いている必要があるが，大脳皮質の血流が低下している（酸素やブドウ糖が十分に供給されていない）状態では大脳皮質も機能し

なくなり夢を見ることはできない。さらに俗に言う，金縛りも起きない。金縛りは，大脳皮質が多少なりとも機能し，体を動かそうとする命令が大脳から出ているが，体は睡眠状態のため動かない状態を指している。しかし，血流が低下している状態では，肉体を動かそうとする命令が大脳皮質から出ないため，金縛りも起きない。このような状況下では，過去を思い出している（想起している）こともあり得ない。記憶は最終的には大脳皮質に固定されている。海馬は短期的に記憶をとどめるところである。出来事の記憶は，海馬から大脳皮質に移された後も，記憶を思い出す時の手掛かりとなる回路が海馬に残されている。その手掛かりに基づいて，大脳皮質から記憶の"部品"が拾い集められ，それがもう一度海馬に流れこむことによって再現される（思い出される）。しかし，血流が低下している状態では，大脳皮質や海馬の機能はすでに低下しているため，記憶の"部品"（キーワード）を引き出せないのである。

臨終間際の生体反応は第三者から見れば，安らかに眠っているように見えるが，実際は脳機能の低下が進行しており，患者は，脳を含めた全身臓器が危機的状況に陥っているのである。脳の機能障害は大脳皮質（虚血に最も弱い部位）から大脳辺縁系へと障害が進み，最終局面では脳幹部（呼吸や血圧をコントロールする）の障害へと進行する。最終的には，呼吸停止・心停止になる。このような最終ステージに入る前段階（血圧が保たれ，意識がしっかりしている状態）では，患者は，痛みに耐え，呼吸困難の苦しみと闘っており，死の恐怖や不安感は計り知れないはずである。この段階でも，前頭連合野を絶えず使い，感情を理性でコントロールしてきたヒトは，内面の感情的苦痛はあるものの，外見は気丈に見え，冷静さを保っていられるのである。しかし，血圧が低下し，意識障害が進行してくるにつれて，これらの肉体的苦痛と精神的苦悩から解放されるのである。

しかし，近年，臨死体験が報告されるようになった。広辞苑では「死の瀬戸際での体験のこと。死に際して，あの世とこの世との境をさまよう体験」と説明されている。

ウィキペデイアでは，「"臨死"，すなわち死に臨んでの体験。また臨死体

験という用語で，意識障害中に見る夢にある種の共通性がある」と解説している。現在は医療技術が進歩したこともあり，心停止から蘇生した人の4〜18％が臨死体験を経験したとの報告もある[2]。臨死体験の内容は，光のトンネル，死後の世界，走馬灯のように記憶の追想，体外離脱などやこれらの組み合わせであるという意見もある[3]。これらの報告は，私の考えとは全く異なるものである。臨死体験は死の淵から生還したヒトの体験であるが，生還することができたという事実は，脳死に至らなかったということも明らかである。第三者からみて死の淵ではあっても，医学的には心停止であっても，その時間は極めて短時間であったはずである。何故なら，ヒトの神経細胞は極めて虚血に弱いため，5分以上の心停止は遷延性意識障害が残る可能性が高く，完全に脳機能が回復することは考えにくいからだ。このような臨死体験の報告には，「死の淵にいた」と言われているが，実際には血圧，体温，心拍数，呼吸数などのバイタルサインの記録や，正確な意識レベルの記載はないのである。単に，臨死体験を語った本人や第三者が「死の淵にいた」と言っている可能性が高い。

　ヒトが死にゆく過程は，前述したごとく，徐々に血圧が低下するとともに，全臓器の機能障害が進行し，死に至るのである。突発的な心室細動などの不整脈による心停止であれば除細動により蘇生することができる。この場合には，心室細動の発生直前まで血圧が保たれているため，短時間に回復できれば，社会復帰することが可能であり，臨死体験を語れる可能性がある。臨死体験を語った人々は，実際には「死の淵」までは行っていないのではないかと推察する。臨死という状況は医師が判定しているのか，単に意識障害を第三者あるいは本人が判断しているのか，厳密な検証が必要である。転落事故や死傷などの外傷で生ずる心停止は，蘇生することはなく，死に至る。回復しえた人々は外傷後にショック状態であるかもしれないが，臨死とはいえないのである。

　最近，Nature誌に興味深い論文が掲載された。その内容は，脳の側頭葉にある「右角状回」を電気刺激すると体外離脱経験が起きた[4]，という内容である。これにより体外離脱は脳の機能によるという仮説が脚光を浴びてい

る。体外離脱は，自分が第三者の視点から，自分と周囲の位置関係を聴覚情報から推測する機能と考えられている。さらに，Penfield[5]は側頭葉への電気刺激により，体外離脱感や人生の回想のフラッシュバックが生じたと報告した。この現象は臨死のみならず，転落時や交通事故が起きる瞬間など，危険が迫った状況でも発生したとも報告した。生命の危機を感じた時（意識は清明である時）に，脳が生存に役立つ情報を探しているという説が有力である。同時に時間が遅く感じるなどの，非日常的な感覚が生じている。このような現象をタキサイア現象という。この原因は，デビット・イーグルマンの実験によって証明されている[6]。その実験は，23人の学生ボランテイアを集め，45メートルの鉄塔から後ろ向きに防護ネットに向かって落下させるという内容であった。その結果，学生たちのほとんどがスローモーションを感じた。しかし，学生たちはスローモーションの感覚がしただけで，実際はスローモーションが起こっていなかった。スローモーションに見えるのは脳の錯覚であった。転落による出血を最小限に抑え命を守ることを最優先に考えた脳は，それ以外の活動を低下させ，目から入った情報をうまく処理できずスローモーションのように錯覚するのである。

　以上の如く，死の瞬間と臨死体験の違いを説明してきた。では，家族はどのように死を受け入れるのか，医師側の問題点を述べてみる。担当医師は患者の治療と同時に家族の心情を察しながら病状を連日説明しつづけることになる。信じられないかもしれないが，家族の中には，一刻も早く死んでほしいと願っている家族もいるのである。あるいは，自分の夫は死なない，あるいは死んでほしくないとの思いから，医師の話を聞こうとせず，宗教に傾倒したり，独自の世界に入る家族がいるのも事実である。しかし，普通の家族は想像以上に苦悩するとともに，患者の病状を簡単には受け入れられないのである。安らかに眠っているような表情は，すぐにでも目が開くのではないかと思え，体も暖かいからである。この時点では，家族の脳内は，大脳辺縁系が優位に働いており，かわいそう，悲しい，つらいなどの感情が中心となる。時間が経過するにつれて，患者への感謝・愛おしさなど高度の感情へ移行し，最後に前頭連合野を働かせ始め，次第に大脳辺縁系から発する感情を

抑制し始める。最後には感情を抑制し，死を理性で受け入れられるようになるのである。この期間は，人それぞれである。女性脳は構造上，左右脳を連結する脳梁部の体積が男性脳より大きく，さらに大脳辺縁系の情動反応に関する部分が男性脳より大きい特徴を持つ。従って，女性のほうが取り乱しやすくなるのは，脳の構造上，致し方ないのである。

　最近の医師による家族への説明にもいくつかの問題点がある。最終ステージになった段階で，本来なら医師によって，患者の病状について詳細な説明がなされているはずである。しかし実際に，どこまで治療をするかを家族にゆだねる傾向がある。例えば，もう回復が困難な状況である場合，本来ならその旨を説明し，自然経過が望ましいと，医師としての考えを伝えるべきである。しかし，延命効果に過ぎない気管内挿管をするかどうか，機械による人工呼吸を行うかどうか，心停止時に人工心臓マッサージを行うかなどを家族に決めさせる医師が増えてきた。家族は最後まで全力を尽くしてほしいとの希望から，年齢が80歳を超えていても，すべての治療を希望することがある。しかし，これは正しい選択なのだろうか。医師は回復しないことをきちんと説明しているのであろうか。医師としての意見を伝えているのであろうか，はなはだ疑問である。家族が病状を冷静に認識し，家族会議などを開いて決められるものとは思えない。心臓マッサージは肋骨骨折を起こし，死後には胸部に皮下出血が広範に出現することになる。気管内挿管と人工呼吸を行っても，延命効果は数日である。積極的に治療するなら，最終段階になる以前にこのような治療を行っておくべきである。家族に判断をゆだねる医師に限って，呼吸停止の寸前まで，呼吸管理を十分にしていないことがよくある。気管内挿管は，儀式ではない。積極的治療を行おうと思えば，当然必要な処置である。この積極的治療とは，まだ十分に回復可能な時期に行う必要があり，臨終近くなって行う処置ではない。

4. 尊厳死

尊厳死（death with dignity）とは，人が人間として尊厳を保って死に臨むことである。ここで日本尊厳死協会による尊厳死の宣言文の全文を紹介する。

「私は，私の傷病が不治であり，かつ死が迫っていたり，生命支持措置無しでは生存できない状態に陥った場合に備えて，私の家族，縁者ならびに私の医療に携わっている方々に次の要望を宣言いたします。
この宣言書は，私の精神が健全な状態にある時に書いたものであります。
したがって，私の精神が健全な状態にあるときに私自身が破棄するか，または撤回する旨の文書を作成しない限り有効であります。
　①私の傷病が，現代医学では不治の様態であり，既に死が迫っていると診断された場合には，ただ単に死期を引き延ばすためだけの延命処置はお断りします。
　②ただしこの場合，私の苦痛を和らげるためには，麻薬などの適切な使用により十分な緩和医療を行ってください。
　③私が回復不能な遷延性意識障害（持続的植物様態）に陥った時は生命維持装置を取りやめてください。
以上私の宣言による要望を忠実に果たしてくださった方々に深く感謝申し上げるとともに，その方々が私の要望に従ってくださった行為一切の責任は私自身にあることを付記いたします。」

以上が宣言文である。この宣言文は終末期医療を受けたいかを文書で記した「リビング・ウィル」とも呼ばれている。このリビング・ウィルが存在すれば，家族はおそらく積極的な治療は何もしないことを選択すると思われる。ただ，ここにも問題点がある。リビング・ウィルには苦痛を和らげるための麻薬などは適切に使用してほしいと記されている。実際には，肺炎など

により多量の喀痰が出て，喀痰が気道を閉塞し窒息しかけている患者もいる。看護師は喀痰吸引を頻回に行っているが，完全に吸引できるわけではない。この時の患者は，呼吸が苦しく，その苦しさのため血圧が上昇し，呼吸数も1分間30回以上となっていることがよくある。おぼれている状況を想像してもらえば理解できると思うが，患者は相当苦しいはずである。苦痛である。家族はリビング・ウィルがあるため，何もしないことが良いのだと思うかもしれない。この苦しみは痛みに対して，麻薬を使ってほしいと患者が願う気持ちと変わらない。日本の死亡率の第4位は肺炎である。この苦痛を取り除くためには，気管切開または気管内挿管が必要である。助からない患者でも，呼吸の苦しみから解放するにはこのような処置を行い，十分に喀痰を吸引し，効率よく酸素を投与できる処置を行うべきである。この処置はベットサイドで可能である。この処置を行うだけで血圧は安定し，呼吸数も正常範囲に低下する。患者は明らかに楽になるのである。窒息の苦しみから解放されるのである。

　ここで興味深いアンケート調査の結果を紹介する。読売新聞社が2013年8月，生死に関わる最重症患者を受け入れる全国の救命救急センター262か所に対し，救命できなくなった患者の延命処置について尋ねるアンケートを実施，168病院(64%)から回答があった。その結果，人工呼吸器または人工心肺の延命処置を中止したのは，15病院，患者数は回答しなかった2病院を除く13病院の合計で32人であった。中止した病院への追加アンケートには7病院が回答。患者18人中，どんな終末医療を受けたいかを文書で記した「リビング・ウィル」を持っていた患者は都内の公立病院の3人で，残り15人は家族が本人の意思を推量する形で中止していた。さらに読売新聞社の全国世論調査では，終末期の延命医療を「受けたいと思わない」と答えた人が81%に達したと報告している。ただ，問題点も指摘されている。家族が患者の意思を本当に代弁しているか，確認することは難しい。そのほか，患者本人と不仲であったり，治療費の心配であったり，家族の意思は患者本人の考えを忠実に反映しているか疑問の残ることがある。同社調査では「リビング・ウィル」を持っている人は1%であったとのことである。

一方，医師側，特に日本救急医学会の終末期医療に関する指針も公表されている。その内容は，患者が回復可能な終末期と判断する場合は複数の医師で行う。延命措置の中止は，患者本人が書いたリビング・ウィルや家族が推量する患者の意思に基づく。医療チームで判断できない場合は院内倫理委員会で検討する。家族の説明などの過程はカルテに記録する。と定められている。終末期医療に関する指針が出された理由は，人工呼吸器を止めた医師を警察が殺人容疑で書類送検した経緯があり，医療現場では延命措置を続けることのほうが無難なためである。いずれにしても事前に文書化されていれば，今後，問題が発生する可能性は低下するであろう。

尊厳死と安楽死の違いについて記しておく。安楽死は助かる見込みがないのに耐え難い苦痛から逃れることもできない患者の自発的要請にこたえて，医師あるいは第三者が積極的な行為によって患者を早く死なせることである。具体的には，人工呼吸器をはずしたり，筋弛緩剤などを投与して薬剤で呼吸を止めるような行為を指している。一歩間違えば殺人罪になる可能性もある行為である。日本ではまだ統一した見解がない。

5. 死生観の歴史的変遷

時代によって日本と世界の死生観はどのように変容してきたのか，現代の死生観はどのような多様性をはらみ，その問題点はどこにあるのかを検討する。

紀元前552年に生まれた，孔子は春秋時代の中国の思想家，哲学者，儒家の始祖と言われ，74歳で亡くなった。儒教は現実的な思想であり，死という不可知の現象について述べているところは少ない。強いて孔子の死生観を述べると，「朝（あした）に道を聞かば夕べに死すとも可なり」朝，真実の道を悟ることができたら，その日の夕方に死んでもかまわない。あるいは，弟子の季路（きろ）が「あえて死を問う」と質問したのに対し，「未だ生を知らず，いずくんぞ死を知らん」未だ生きるということもよく知らないのに，どうして死がわかるだろうか，と答えている[7]。孔子の生きていた春秋

時代は戦乱の時代であり，死があまりにも身近にあった。したがって，死は当然のものであり，改めて死を考える必要はなかったのかもしれない。

　紀元前369年，中国の戦国時代，宋国に生まれたとされる道教の始祖といわれる荘子は，死をどう捉えていたのだろうか。荘子は「無為自然」[8]を説いている。人の手を加えないで，あるがままに任せることと理解できる。動物には必ず死が訪れる，自然の摂理であり，淡々とこの事実を受け入れるように説いているとも理解できる。中国の戦乱期は，孔子にしても荘子にしても，死を特別なものとは考えていないようである。寿命も短いこともあって，その短い命をどのように有効に生き抜くかを説いているように思える。

　歴史上，初めて死にゆく人を描写し，その言葉を書き留めた書物は，プラトンが著した「ソクラテスの弁明・クリトン」[9]であろう。ここでソクラテスは死について次のように述べている。一つは，感覚がなくなり，深い眠りに入るようなものである。それなら，死はびっくりするほどの儲けものである。もう一つは，死はこの世からあの世に行くことであり，すべての死者がそこに住んでいるなら，こんな幸福はない。この言葉を残し，ソクラテスは毒杯を飲み干し自殺したのである（BC399）。

　古代ギリシャ時代ヘレニズム期の哲学者エピクロス（BC 341～BC270）は，現実の煩わしさから解放された状態を「快」として，人生をその追求のみに費やすことを主張した[10]。後世，エピキュリアンを快楽主義者という意味に転化してしまったが，エピクロス自身は肉体的な快楽とは異なる精神的快楽を重視しており，肉体的快楽をむしろ「苦」と考えていた。彼は死について以下のように述べている。「死は，もろもろの悪いもののうちで最も恐ろしいものとされているが，実はわれわれにとって何ものでもないのである。なぜかといえば，われわれが存するかぎり，死は現に存せず，死が存する時には，もはやわれわれは存しないからである」彼は死について恐れる必要はないと述べているが，その理由は，死によって人は感覚を失うから，恐怖を感じることがなくなるからである。それ故，恐れる必要がないと主張しているのである。私も同感であるが，この心境地に至る過程は容易なことではない。前頭連合野と大脳辺縁系との「せめぎあい」の結果であり，エピク

ロスは大脳辺縁系を十二分にコントロールできた人であったと考えられる。

　第5代ローマ皇帝，ネロの家庭教師を務めストア派の哲学者として知られるルキウス・アンナエウス・セネカ（BC1～AD65）は，多くの言葉を残している。その代表的なものを紹介する。「人生は物語のようなものだ。重要なのはどんなに長いかということではなく，どんなに良いかということだ」「ぐずぐずしている間に，人生は一気に過ぎ去っていく」「生きることは生涯をかけて学ぶべきことである。そして，おそらくそれ以上に不思議に思われるであろうが，生涯をかけて学ぶべきは死ぬことである」[11]。最後の言葉は現代人が最も学ぶべき言葉のように思われてならない。

　ローマ時代の五賢帝の一人，マルクス・アウレリウス・アントニヌス（121～180）はストア哲学に属する学識者で軍事より学問を好んだ皇帝として知られている。彼の著書「自省録」[12]は今日でもよく知られている。彼はローマ軍を従え，ゲルマン民族の侵入者と闘いながら，この書を書いていたのである。したがって，戦時の死生観がにじみ出ている。「われわれが死によって失うものは，時間のわずかな一部，現在の一瞬のみ」「人生のあらゆることを，これが最後だと思って行いなさい」「われわれの人生とは，われわれの思考がつくりあげるものに他ならない」。アウレリウスは，死を恐れることなく，短い生涯に悔いが残らないように，全力を傾けていたことがうかがえる。

　近年，「死をどのように克服していくか」を明らかにしたのは，デンマークのセーレン・キルケゴール（1813～1855）であった。人間そのものの苦しみを，「死に至る病」[13]と名づけ，必ず死に至る人間の本質を，絶望あるのみと規定した。キルケゴール哲学の最大のテーマは「死の克服」であった。キルケゴールが18歳の時にヘーゲルが死んだ。当時，ヘーゲルの万物を歴史的・抽象的に論ずる哲学は圧倒的影響力を持っていた。しかし，キルケゴールは，ヘーゲル哲学には「魂」がないことを見抜いた。即ち，自分の存在に関係ない「客観的真理」よりも，自分の存在と直接関係を持つ「主体的真理」のほうが重要ではないか，と考えた。それらを踏まえたうえで，自分自身を見つめ，自分自身を受け入れることが，重要であると述べ，自分の奥底

を見ることができるのは自分だけであると指摘している。

20世紀に入りフランスの哲学者ウラジミール・ジャン・ケレヴィッチ (1903〜1985) が「死」を著した。本書は3部に分かれている。第一部は死のこちら側の死，まだ死には関係ないと思っている立場にとっての死である。死は常に，ほかの人の死でしかない。自分は死とは関係ないのである。第二部は死の瞬間における死，死の瞬間。永遠の謎ともいえる瞬間である。第三部は死の向こう側の死，すでに死んでしまったあとの死である[14]。死の瞬間の哲学は不可能だと述べている。

6. 死に対処するための宗教

死の恐怖を克服するために，数々の宗教が生まれた。

仏教は，インドの釈迦（ゴーダマ・シッダッタ）を開祖とする宗教である。この宗教は，人の行動・行為には必ず結果（果報）を伴うという教えである。人の行為を善行と悪行に分け，人々に善行を積むことを奨励している。人の業の積み重ねで輪廻転生（死んであの世に行った霊魂が，この世に何度も生まれ変わってくること）することを説いている。すなわち，あらゆる生命は悟り（涅槃）を開かない限り，この輪廻を続けることになる。この悟りとは，生きることの苦しみから脱することであり，そのためには出家と修行あるいは善行を積むことが必要であると説いている。これらの教えは，死後の世界より，現世を重視した考え方である。苦悩は執着によって起きることを解明し，その救いは神の力ではなく，人の実践によると説いている[15]。

キリスト教は，ナザレのイエス・キリストを救い主として信じる宗教である。正統教義では，区別された三つの位格，父なる神，子なる神（キリスト）と聖霊なる神が一体である（三位一体）と説いている[16]。キリスト教の根幹は，「すべての人間は生まれながらにして罪に陥っており，イエスをキリストと信じる者は，罪の赦しを得て永遠の生命に入る」というものである。イエス・キリストの教えのうちで最重要項目は「信じる者は幸いなり」

であり，十字軍の遠征（1096～1291）は，法王ウルバン2世が提唱した「神がそれを望んでおられる」の一言で始まったのである。

三大宗教の最後の1つ，イスラーム教は，神が最後の預言者たるムハンマド（預言者）を通じて人々に下したコーランの教えを信じ，従う一神教である[17]。特徴の1つは偶像崇拝を徹底的に排除していることである。人は神との契約で生きており，信義を守り，誠実に，約束を守ることを説いている。仏教とは異なり，人の生は，一度きりで終わり輪廻転生はない。しかし，遠い将来に「復活の日」が訪れ，現在の自分がそのまま復活するため，この人生の生き方が大切であると説いている。

宗教といっても教義は大きく異なり，時代とともに多くの宗派が誕生してきている。共通の命題は「死」であり，死に対する考え方が宗教によって大きく異なっていることがわかる。

最後に，中西輝政氏は，「なぜ国家は衰退するのか」[18]の中の一章「大英帝国の衰退の光景」で現代社会を的確に言い表している。その内容は，「海外旅行ブームが起き，温泉ブームに沸く，古典より軽薄な趣味が増え文学よりマンガが好まれる。どれも今の日本や先進国にあてはまりそうだ。その極め付きが"健康への異常な関心"である。新聞は競って健康に関する記事を載せ，雑誌は健康法の特集を組む」。まさに現代を言い当てている。古来，老人が尊ばれたのは単に長生きしたからではない。「どのように死に向かうか」という心構えが老人には内在していたのだ。現代人は，健康に対する異常な執着ではなく，確固とした死生観をもって生きたいものである。死ですべてが消滅するのではない。個人のDNAは子供たちに引き継がれているのである。子孫を残した段階で，生物としての使命は終えているのである。あとは，死に向かう心構えである。

注
1) Luria, AR. (1980), *Higher Cortical Functions in Man* (2nd Edition), Basic Books.
2) Williams, D. (2007), "At the Hour of Our Death," *TIME*, p.36.
3) 立花隆（2000）『臨死体験』文春文庫。
4) Olaf, B., Stphanie O., Theodor L., Margitta S. (2002), "Neuropsychology: Stimulating

illusory own-body perceptions," *Nature* 419, pp.269-270.
5) ワイルダー・ペンフィールド（塚田雄三・山河宏訳）(2012)『脳と心の神秘』法政大学出版部。
6) デイヴィッド・イーグルマン（大田直子訳）(2012)『意識は傍観者である：脳の知られざる営み』ハヤカワ・ポピュラーサイエンス。
7) 金谷治（訳注）(1963)『論語（孔子著）』岩波文庫。
8) 森三樹三郎（1994）『老子・荘子』講談社学術文庫。
9) プラトン（著），久保勉（訳）(1964)『ソクラテスの弁明・クリトン』岩波文庫。
10) 山本光雄・戸塚七郎（訳）(1985)『後期ギリシャ哲学者資料集』岩波書店。
11) セネカ（著），大西英文（訳）(2010)『生の短さについて』（他二篇），岩波文庫。
12) マルクス・アウレリウス（著），鈴木照雄（訳）(2006)『マルクス・アウレリウス「自省録」』講談社学術文庫。
13) 大屋憲一・細谷昌志（編）(1996)『キェルケゴールを学ぶ人のために』世界思想社。
14) ウラジミール・ジャンケレヴィッチ（著），中澤紀雄（訳）(1978)『死』みすず書房。
15) 末木文美士（著）(2004)『近代日本と仏教－近代日本の思考・再考2』トランスビュー。
16) 小口偉一・堀一郎（1973）『宗教学辞典』東京大学出版会。
17) 井筒俊彦（著）(1991)『イスラーム文化—その根柢にあるもの』岩波文庫。
18) 中西輝政（著）(1998)『なぜ国家は衰亡するのか』PHP新書，PHP研究所。

索　引

【ア】

IADL　37
青森市　115, 116
アディポネクチン　19
アポトーシス　156
アルツハイマー病　10
安楽死　169
異化　154
意識障害　164
一般化最小二乗法　68
運動習慣　13
AACD　36
エイジズム　27
HDS-R　38
ADL　37
MCI　36
嚥下障害　9
横断法　25
大きな政府　132, 133

【カ】

介護職員処遇改善加算　96
介護職員初任者研修　97
介護人材のキャリアパス　97
介護人材の離職率　93
介護報酬　84
介護保険事業計画　84
介護保険制度　81
　──の財源　83
介護保険の被保険者　82
介護保険の保険者　82
介護予防　34
快楽　170
獲得免疫　12
活性酸素（種）　6, 17
カロリー制限　15

簡易計量経済モデル　65, 67, 68
簡易人口経済計量モデル　57, 58, 60, 65, 66
簡易人口モデル　65, 66
環境首都　120
環境定期券　124
技術進歩率　52, 53, 54, 69
記銘力低下　7
居宅サービス　88
軽度認知症　36
計量経済モデル　55
系列法　26
結晶性知能　24
限界集落　109
原核細胞　1
原核生物　1
嫌気性菌　3
現実成長率 G　52
憲法制定権　131
後期高齢者　76
好気性細菌　3
公共交通　116, 117, 118, 121, 123, 124, 125
抗酸化機構　17
合成の誤謬　65
高齢化　46, 74, 134, 136, 148
　──率　74, 135, 137, 138
高齢社会　140, 142
　──対策基本法　135
　──対策大綱　136
高齢者神話　28
高齢者問題の現状と施策　135
国土形成計画　108
国土形成計画法　108, 113
国土総合開発法　105, 107, 113
骨粗鬆症　9
コブ＝ダグラス生産関数　57, 66, 68, 70
コホート効果　25
コーホート・コンポーネント法　66

索引

コンパクトシティ　105, 114, 115, 117, 118, 128, 129

【サ】

最大酸素摂取量　13
細胞死　156
細胞小器官　2
細胞老化　158
サーチュイン遺伝子　14
サッチャー政権　134
酸化ストレス　6
参加デモクラシー　144
J・S・ミル（Mill）　54
視覚と聴覚の加齢変化　22
死生観　161
自然成長率 G_n　52
自然増加率　47
自然免疫　12
実務者研修　97
自転車専用道路　121
死亡相対危険率　13
資本係数 v　52
シミュレーション分析　55, 57, 60
市民階級　131
社会扶助　78
社会保険　78
社会保障給付費　78
社会保障・税一体改革　80
重回帰分析　68
就業率　31
縦断法　26
生涯発達　22
少子化　46, 134, 136, 139, 140, 142, 147, 148
少子高齢化　46, 74
　──現象　47
少子高齢社会　151
情動　160
自律神経機能　11
真核生物　2, 155
神経管　159
神経系　159
神経細胞　9
神経板　159
人口経済計量モデル　55, 56, 57

人口増加率　52, 53, 54, 69
人口転換　47
　──理論　47, 49
人口ピラミッド　47, 48, 49, 62
人口モデル　55
新全国総合開発計画　105
睡眠障害　11
ステレオタイプ　28
ストループ課題　23
生活習慣病　4
制限選挙制　132
政治参加　143, 144
精母細胞　12
生理機能　4
脊椎動物　159
選挙争点　145
全国総合開発計画　105, 107, 108
染色体　155
前頭連合野　160
尊厳死　167
尊厳の保持　34

【タ】

第1号被保険者　82
体外離脱　164
体格指数（body mass index; BMI）　8
第三次全国総合開発計画　106
代謝　154
大衆デモクラシー　132, 133
退職年齢　30
第2号被保険者　82
第2の人口転換　49, 53
大脳新皮質　159
大脳皮質　163
大脳辺縁系　159
代表制デモクラシー　144
第四次全国総合開発計画　106
多細胞生物　2, 154
多数決デモクラシー　152
多数者の専制　152
団塊の世代　75, 90
短期記憶　7
単細胞生物　4, 154
地域包括ケアシステム　81, 100

地域密着型サービス　88
知能　24
注意機能　23
中心市街地　104, 111, 112, 114, 117, 118, 126, 128
　——活性化基本計画　115, 117
　——活性化法　115
長期記憶　7
超高齢者　18
長寿遺伝子　14
貯蓄率s　52
低栄養状態　8
DNA　157
定住構想　106, 107
定常状態　54, 63
哲学　171
デモクラシー　131, 151
テロメア　15, 157
同化　154
富山市　115, 116, 118, 129

【ナ】

中曽根政権　134
21世紀の国土のグランドデザイン　106, 107
二大政党制　147
日常生活活動度（ADL）　18
認知症高齢者　90
認知症の有病率　35
認知症予防　36
認知能力　10
認定介護福祉士　98
ネクローシス　156
年金受給者デモクラシー　151
脳　159
納税者デモクラシー　151

【ハ】

配偶子　155
排尿障害　7
パークアンドライド　123
長谷川式簡易知能評価スケール　38
パーソナリティ　26
バブル経済期　63
ハロッド＝ドーマー生産関数　57, 68

ハロッド＝ドーマー・モデル　51, 52
ヒストン　14
ビッグファイブ　26
人手不足倒産　63
百歳パラドックス　18
ハロッド＝ドーマー生産関数　66
福祉国家　132, 133
普通選挙制度　131
フライブルク　118, 119, 120, 121, 123, 124, 125, 126, 129
プロダクティブ・エイジング　29
平均寿命　4, 75
ヘイフリックの限界　158
βアミロイドたんぱく質　10
扁桃体　10
訪問介護員　91
保険料の徴収の方法　85
歩行者専用道路　121
ボランティア活動　32

【マ】

ミトコンドリア　3, 157
無為自然　170
無機物　155
無性生殖　4, 155

【ヤ】

有機物　1, 155
有効求人倍率　94
有性生殖　4, 155
要介護認定　82
予算配分　148

【ラ】

ライフサイクル仮説　69
卵母細胞　12
立憲主義　131
リビング・ウィル　167
流動性知能　24
臨死体験　163
輪廻転生　172
レーガン政権　134
老化　4
　——細胞　158

老老介護　76
ロジスティック曲線　47, 50
路面電車　118

著者紹介 (50音順)

上之園佳子 (あげのその・よしこ)　第4章
  1952年　九州に生まれる
  1974年　九州大学医療短期学部卒業
  2001年　日本大学文理学部社会学科専任講師
  2004年　國學院大學大学院法学研究科法律学専攻博士課程前期修了
  2011年　日本大学文理学部社会学科教授
  2012年　日本女子大学大学院人間社会研究科社会福祉学専攻博士課程後期単位取得退学
  2013年　日本大学文理学部社会福祉学科教授（現在に至る）
  主要著書・業績
　　『介護の基本（介護福祉士養成テキストブック）』（共著, ミネルヴァ書房, 2013年）
　　『介護福祉総論（新大学社会福祉・介護福祉講座改訂版）』（共著, 第一法規出版, 2012年）
　　「訪問介護における人材育成の現状と課題 ―訪問看護と介護の連携・協働のために―」『訪問看護と介護（Vol.15 No.7）』（単著, 医学書院, 2010年）
　　『介護福祉全書介護の基本』（共著, メヂカルフレンド社, 2008年）
　　『介護福祉教育の展望 ― カリキュラム改正に臨み』（共著, 光生館, 2008年）
　　「福祉・介護の職業上の健康と安全に関する課題―介護職の腰痛発生の実態と予防対策を中心として―」『月刊福祉（No5, 91, 6）』（単著, 全国社会福祉協議会, 2008年）

安　勝熙（あん・すんひ）　第4章
  2000年　日本大学文理学部卒業
  2010年　日本大学大学院文学研究科博士後期課程修了　博士（社会学）
  2010年　日本大学文理学部社会学科助教（2013年3月まで）
  2013年　日本大学文理学部社会福祉学科助教（2014年3月まで）
  主要著書・業績
　　『家族社会学へのいざない』（共著, 岩田書院, 2008年）
　　『幸福列車―しあわせを問いなおす旅―』（共著, 人間の科学社, 2012年）

石川晃司（いしかわ・こうじ）　第6章
  1954年　山形に生まれる
  1977年　慶應義塾大学法学部政治学科卒業
  1983年　慶応義塾大学大学院法学研究科博士課程（政治学専攻）修了

1995 年　法学博士（慶應義塾大学）
2009 年　日本大学文理学部教授（現在に至る）
　主要著書・業績
　『保守主義の理路』（単著，木鐸社，1996 年）
　『モダーンとポスト・モダーン』（共著，木鐸社，1992 年）
　『近代国家の再検討』（共著，慶應義塾大学出版会，1998 年）
　『慶應の政治学　政治思想』（共著，慶應義塾大学出版会，2008 年）
　『現代政治過程』（共著，三和書籍，2010 年）
　『危機管理（AN21 研究シリーズ No.4）』（共著，文眞堂，2011 年）

大塚友美（おおつか・ともみ）　　はじめに・第 3 章
1953 年　東京に生まれる
1976 年　日本大学経済学部卒業
1982 年　日本大学大学院経済学研究科博士後期課程満期退学
1999 年　学術博士（東北学院大学）
2001 年　日本大学文理学部教授（現在に至る）
2005 年　日本大学大学院総合科学研究科教授（現在に至る）
　主要著書・業績
　『Excel で学ぶ人口経済学』（単著，創成社，2011 年）
　『危機管理（AN21 研究シリーズ No.4)』（共著，文眞堂，2011 年）
　『Excel で学ぶ情報処理（AN21研究シリーズ No.2)』（編著，文眞堂，2008 年）
　『経済・生命・倫理（AN21研究シリーズ No.1)』（編著，文眞堂，2007 年）
　『実験で学ぶ経済学』（単著，創成社，2005年）
　『ボーダーレス化の政治経済学』（単著，創成社，1996年）

落合康浩（おちあい・やすひろ）　　第 5 章
1962 年　静岡県に生まれる
1985 年　日本大学文理学部卒業
1992 年　日本大学大学院理工学研究科博士後期課程修了
1992年　博士（理学）（日本大学）
2011 年　日本大学文理学部教授（現在に至る）
2011 年　日本大学大学院理工学研究科教授（現在に至る）
　主要著書・業績
　『農業地域情報のアーカイブと地域づくり』（分担執筆，成文堂，2008 年）
　『仕事がみえる地理学』（分担執筆，古今書院，2008 年）
　『地理学の見方・考え方―地理学の可能性を探る―』（分担執筆，古今書院，1998 年）

櫛　英彦（くし・ひでひこ）　　第1章・第7章
    1954年　新潟県に生まれる
    1980年　日本大学医学部卒業（医師免許取得）
    1988年　脳神経外科専門医
    1993年　医学博士（日本大学医学部）
    1996年　救急専門医
    2001年　救急指導医
    2009年　日本大学文理学部教授（現在に至る）
    2009年　日本大学医学部兼旦教授（現在に至る）
    2010年　日本大学大学院文学研究科教授（現在に至る）
      主要著書・業績
        『Hemoperfusion with an immobilized polymyxin B fiber column inhibits macrophage/monocyte activation』(原著論文（共著），2009年)
        『Hemoperfusion with a polymyxin B column decreases clotting activity』(原著論文（共著），2009年)
        『Acute subdural hematoma because of boxing』(原著論文（共著），2009年)
        『Criteria for hemoperfusion with an immobilized polymyxin B fiber column based on oxygen metabolism』(原著論文（共著），2008年)
        『Early hemoperfusion with a polymyxin B column improves gastric mucosal pH in sepsis』(原著論文（共著），2008年)

内藤佳津雄（ないとう・かつお）　　第2章
    1963年　東京に生まれる
    1986年　日本大学文理学部卒業
    1992年　日本大学大学院文学研究科博士後期課程満期退学
    1997年　厚生省老人保健福祉局老人福祉専門官
    1999年　日本社会事業大学社会事業研究所専任講師
    2000年　日本大学文理学部専任講師
    2002年　日本大学文理学部助教授
    2007年　日本大学文理学部教授（現在に至る）
      主要著書・業績
        『社会福祉学習双書3　老人福祉論』(共編・著，全国社会福祉協議会，2013年)
        『美についての五つの考察』(共著，北樹出版，2012年)
        『認知症高齢者の心にふれるテクニックとエビデンス』(共著，紫峰図書，2006年)
        『痴呆性高齢者介護のためモデルケアプラン』(共編・訳，ワールドプランニング，2004年)
        『痴呆ケア』(共監修・著，中央法規出版，2003年)

深田喜八郎（ふかだ・きはちろう）　第1章・第7章
 1987年　北海道に生まれる
 2011年　日本大学文理学部体育学科卒業（学士（体育学））
 2013年　日本大学大学院文学研究科博士前期課程修了（修士（教育学））
 2013年　日本大学大学院文学研究科博士後期課程（現在に至る）
 主要著書・業績
  『12分間最大努力走における好中球数・リンパ球数急性増加に関与する因子』（原著論文（共著），2013年）
  『Effets of acute strenuous exercise on vascular endothelial cell activation』（学会発表（共同），2013年）
  『Evaluating factors of immediate neutrophilia and lymphocytosis induced by acute strenuous exercise』（学会発表（共同），2012年）

少子高齢化
―21世紀日本の課題―

2014年4月30日　第1版第1刷発行　　　　　　　　検印省略

編著者　大　塚　友　美

発行者　前　野　　　弘

発行所　株式会社 文　眞　堂
　　　　東京都新宿区早稲田鶴巻町533
　　　　電話　03（3202）8480
　　　　FAX　03（3203）2638
　　　　http://www.bunshin-do.co.jp
　　　　郵便番号(162-0041)振替00120-2-96437

製作・モリモト印刷
© 2014
定価はカバー裏に表示してあります
ISBN978-4-8309-4821-3　C3036

AN21 研究シリーズについて

　社会系・理系・文系の 18 学科 1 研究室から成る日本大学文理学部は，「文と理の融合（文理融合）」を理念としている総合学部である。

　AN21（ARS NOSTRA 21；アルス・ノストラ 21；21 世紀の我々の学術の意味）は，これらの学問領域にわたる学際的研究の成果の刊行を通して，この理念の更なる発展を図ることを目的として，本学部の教員有志が立ち上げた自主的研究グループである。

　AN21 は 2007 年に AN21 研究シリーズ第 1 巻を上梓して以来，その研究成果をほぼ年 1 回のペースで刊行して，今日に至っている。今後も，鋭意刊行を進めてゆく予定である。

AN21 代表
大　塚　友　美

AN21 研究シリーズ

No. 1　経済・生命・倫理　[増補版]　　定価：本体 2000 円＋税
　　　—ヒトと人の間(はざま)で—

大塚友美編著

21 世紀の基本課題を問う

　生物である"ヒト"と万物の霊長である"人"の二面性を持つ人間は，種の存続をかけて，また，豊かな生活を求めて，経済を発展させてきた。この経済的営みによる自然への過重な負担が"ヒト"の存続を危うくしかねない今日，新たな経済観・生命観・倫理観の構築が"人"に求められている。21 世紀の基本課題を問う。

No. 2　Excel で学ぶ **情報処理**　　　　定価：本体 2000 円＋税

大塚友美・谷口郁生編著

自然・社会・人文科学の代表的活用法が解る

　コンピュータは様々な活用法のある便利な道具であるが，それだけに初学者は混乱をきたしかねない。本書は自然・社会・人文科学の各分野の代表的な用法を平易に紹介しているだけでなく，記載内容をたどることによりその活用法の基本を習得できるように工夫されている。本書を読み終える頃までには，科学的分析への理解を深めることができよう。

No. 3　**生命倫理について考える**　　　　定価：本体 1650 円＋税

江川　晃・嘉吉純夫・葭田光三著

コトバとしての生命倫理から私たちの〈生命(いのち)の倫理へ〉

　本書のねらいは，理念の空間をとらえどころなく浮遊する「生命倫理」の実体を掴み取り，私たちの生の大地に根づかせることにある。それは，医学に加えて人類学の知見をもプラスするという，本書独自の構想によってはじめて可能になった。これこそまさに〈文理融合〉の現実化である。

No. 4　**危機管理：新たな疾病との戦い**　定価：本体 2000 円＋税

島方洸一編著

危機管理と文理融合型教養の重要性を提示

　危機管理，すなわち不測の事態への対応には総合的な知識が必要である。本書では，今日，喫緊の課題である感染症対策を共通のテーマに，理系・社会系・文系の専門を異にする執筆陣が危機管理を論ずる。危機管理論を通して「文理融合型」教養の重要性を，読者に「目からウロコが落ちる」ように感得してもらおうとするユニークな書物である。